70

1949—2019

新中国
砥砺奋进的七十年

（手绘插图本）

张士义 ——— 著

人民东方出版传媒

东方出版社

70

1949—2019

庆祝中华人民共和国成立七十周年!

目录

C O N T E N T S

筹建新中国
1949.3.5—9.30

1949.9.30
各界人士在天安门
举行人民英雄纪念碑奠基礼。

1949.9.21
中国人民政治协商会议
第一届全体会议召开。

1949.6.30
毛泽东发表
《论人民民主专政》一文。

1949.3.25
中共中央及其所属机构
由西柏坡迁往北平。

1949.3.5
中共七届二中全会
在河北平山县西柏坡村举行。

开国奠基
1949.10.1—1950

1950
北京、天津和上海先后收回或征用
美国、英国、法国、荷兰
在该地的兵营地产。
外国在华军事特权
被全部取消。

1949.12-1950.2
毛泽东主席、
周恩来总理访问苏联，
签订《中苏友好同盟互助条约》。

1949.10
中华人民共和国
海关总署成立。

1949.10.1
毛泽东在北京天安门城楼上
宣告中华人民共和国
中央人民政府成立。

土地改革
1950.5.1—1952.12

1950.5.1
中央人民政府颁布新中国成立后第一部法律《中华人民共和国婚姻法》。

1950.6
《中华人民共和国土地改革法》正式公布实行。

1950.12
全国大张旗鼓地开展了一场镇压反革命的运动。

1952
全国大陆除部分少数民族地区以外基本完成了土地制度的改革。

抗美援朝
1950.6.25—1953.7

1950.6.25
朝鲜内战爆发。美国宣布武装援助南朝鲜，并派遣美国海军第七舰队进入中国台湾海峡。

1950.10.19
中国人民志愿军隐蔽跨过鸭绿江。

1953.7.27
在三八线以南新校正的军事分界线上的板门店，中朝一方和美韩一方正式签署了朝鲜停战协定。

恢复重建
1949—1952.12

1949 年底
我国基本恢复了原有的铁路网。

1950
中国共产党进行了一次整风学习。

1951.2
中共中央政治局提出『三年准备，十年计划经济建设』战略思想。

1952.12
整个国民经济得到全面恢复和初步发展。

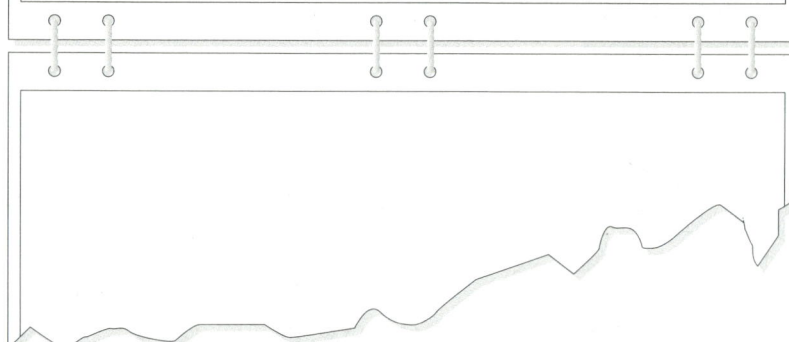

第一章
CHAPTER ONE

历史新纪元

"没有共产党，就没有新中国。"在中国共产党坚强领导下，中国人民经过 28 年的浴血奋战，终于推翻了压在自己头上的帝国主义、封建主义、官僚资本主义这"三座大山"，取得了新民主主义革命的胜利，实现了民族独立和人民解放。1949 年 10 月 1 日，中华人民共和国宣告成立，从根本上结束了国家战乱频仍、四分五裂的局面，改变了中国社会的发展方向。中国人民从此成为新社会新国家的主人，中华民族以崭新的姿态屹立于世界民族之林，中国历史开始了新纪元。

筹建新中国

1949年3月5日至13日，中共七届二中全会在河北平山县西柏坡村举行。

全会着重讨论了党的工作重心的战略转移，即工作重心由乡村转移到城市的问题。党要立即开始着手建设事业，一步一步地学会管理城市，并将恢复和发展城市中的生产作为中心任务，城市中的其他工作，都必须围绕着生产建设这个中心工作并为这个中心工作服务。

西柏坡

全会强调中国的民主革命是伟大的，但是胜利以后的路程更长，工作更伟大、更艰巨。提醒全党要警惕骄傲自满、以功臣自居的情绪的滋长，警惕资产阶级用糖衣裹着的炮弹的攻击，全党同志务必继续地保持谦虚、谨慎、不骄、不躁的作风，务必继续地保持艰苦奋斗的作风。全会还根据毛泽东的提议，作出禁止给党的领导者祝寿和用党的领导者的名字作地名等规定。

七届二中全会后，3月25日，中共中央及其所属机构由西柏坡迁往北平。

按照七届二中全会的精神，开始了新政治协商会议的筹备工作。6月，筹备会第一次会议在北平召开，成立了以毛泽东为主任的新政协筹备会常务委员会，全面展开筹建新政权的工作。毛泽东在会议开幕时豪迈地说："中国人民将会看见，中国的命运一经操在人民自己的手里，中国就将如太阳升起在东方那样，以自己的辉煌的光焰普照大地，迅速地荡涤反动政府留下来的污泥浊水，治好战争的创伤，建设起一个崭新的强盛的名副其实的人民共和国。"

6月30日，毛泽东发表题为《论人民民主专政》的重要文章，指出：

政协第一届全体会议

中华人民共和国国歌

"总结我们的经验,集中到一点,就是工人阶级(经过共产党)领导的以工农联盟为基础的人民民主专政。"我们要经过人民共和国,由农业国进到工业国,由新民主主义社会进到社会主义社会和共产主义社会。

人民政协是共产党领导的以工农联盟为基础的人民民主统一战线的组织形式。9月21日,中国人民政治协商会议第一届全体会议在北平中南海怀仁堂隆重开幕。参加政协的有中国共产党、各民主党派、无党派人士、各人民团体、人民解放军、各地区、各民族以及国外华侨的代表,共 662 人。在普选的全国人民代表大会召开前,政协全体会议代行全国人民代表大会的职权。

代表们兴高采烈,毛泽东更是掩饰不住内心的喜悦。他在开幕词中说出了一段至今令中国人民难以忘怀的话:"诸位代表先生们,我们有一个共同的感觉,这就是我们的工作将写在人类的历史上,它将表明:占人类总数四分之一的中国人从此站立起来了。"

会议自始至终洋溢着热烈欢庆、团结协商的气氛。经过讨论,会议通过了《中国人民政治协商会议共同纲领》。《共同纲领》是中国人民的大宪章,在一个时期内起着临时宪法的作用。

会议通过了中央人民政府组织法,一致选举毛泽东为中央人民政府主席，朱德、刘少奇、宋庆龄、李济深、张澜、高岗为副主席，周恩来、陈毅等 56 人为中央人民政府委员。随后，中央人民政府委员会任命周恩来为政务院总理兼外交部长。

会议决定北平为中华人民共和国首都，将北平改名为北京；采用公元纪年；在中华人民共和国的国歌正式制定前，以《义勇军进行曲》为代国歌；国旗为五星红旗，象征全国人民在共产党领导下的大团结。

9 月 30 日，中国人民政治协商会议第一届全体会议胜利闭幕。

在革命胜利的时刻，人们没有忘记为革命而献身的先烈。9 月 30 日晚，天安门广场庄严肃穆，各界人士在这里举行了人民英雄纪念碑奠基礼。

人民英雄纪念碑

开国奠基

　　1949 年 10 月 1 日，中华人民共和国宣告成立。这是中国有史以来最伟大的事件，也是 20 世纪世界最伟大的历史事件之一。

　　这一天，新定为首都的北京有 30 万军民在天安门隆重举行庆祝中央人民政府成立典礼。毛泽东主席庄严宣告中央人民政府为代表中华人民共和国全国人民的唯一合法政府。他亲自按动电钮，升起共和国

中华人民共和国成立

旧中国千疮百孔，民不聊生

的第一面五星红旗。

开国大典过后，中央人民政府各工作部门在原华北人民政府各机构的基础上，整建制地建立起来，并立即开始工作。政府机构负责人员的选定，都经过各方面的充分酝酿，反复协商，包括了中国共产党、各民主党派、各少数民族、海外华侨和其他爱国民主分子等许多方面的优秀代表人物、知名人士和专家，体现了中国共产党团结各民主党派、各民主阶级和国内各民族的统一战线政权的特点。

新中国成立之初，中国共产党面临着许多困难和考验。

军事上，解放战争还没有完全结束，国民党还有上百万军队在西南、华南和沿海岛屿负隅顽抗；在新解放区，大批国民党残余力量同当地恶霸势力相勾结，以土匪游击战争的方式破坏人民政权。

经济上，新中国继承的是一个十分落后的千疮百孔的烂摊子，工农业生产萎缩，交通梗阻，物资匮乏，民生困苦，旧社会遗留下来的恶性通货膨胀仍然困扰着经济生活。

随着中国人民革命的胜利，中国共产党成为在全国范围执掌政权的党，不仅要在全新的任务面前学会全新的本领，更重要的是在执政和从事和平建设的全新历史条件下，继续保持同人民群众的血肉关系，继续保持实事求是、谦虚谨慎和艰苦奋斗的优良传统，不被权力、地位和资产阶级的捧场所腐蚀，这对党的队伍是一个严峻的考验。

面对复杂形势和困难，中共中央和中央人民政府确定以恢复和发展生产为中心，领导全国人民团结一致，努力医治战争创伤，为巩固新生政权、建设新中国进行了卓有成效的斗争。

遵照《中国人民政治协商会议共同纲领》的要求和人民革命军事委员会的统一部署，中国人民解放军以穷追猛打的磅礴气势，向国民党残余军事力量展开了最后的围歼。到 1950 年 6 月，共歼灭残存的国民党正规军 128 万余人，收编改造 170 余万起义投诚人员，使整个人民解放战争消灭国民党军队的总数达到 807 万余人，解放了除西藏、台湾、香港、澳门和少数几个海岛以外的全部中国领土。

1951 年，中央人民政府同西藏地方政府达成关于和平解放西藏办法的协议（简称《十七条协议》），西藏获得和平解放。

随着人民解放军的胜利进军，在各新解放区迅速建立军事管制委

西藏和平解放

员会作为临时的过渡性政权，接管国民党的一切公共机关、产业和物资，镇压反革命的破坏活动，组织恢复生产，并组建地方各级人民政府。新区地方人民政府一经建立，就与人民解放军一起进行了大规模的剿匪作战，到 1950 年 6 月，共歼灭国民党土匪武装近百万人，初步稳定了社会秩序。

中国革命的胜利，结束了百余年来旧中国的屈辱外交史，使中国以独立自主的崭新面貌出现于世界。1949 年 10 月到 1950 年 1 月，中华人民共和国先后与苏联和欧亚十多个人民民主国家建立了外交关系。

1949 年 12 月至 1950 年 2 月，毛泽东主席、周恩来总理访苏，同苏联签订《中苏友好同盟互助条约》，解决了两国重大历史遗留问题，并用法律的形式把两国的同盟关系固定下来。中苏结盟是新中国成立后采取的重大外交行动，对当时的国际格局产生了深远影响。

1950 年至 1951 年，新中国同印度等四个亚洲民族独立国家以及瑞典、丹麦、瑞士和芬兰四个欧洲资本主义国家建立了外交关系。通过与这些国家建交，新中国向周边国家传达了睦邻友好的信息，向世界昭示了"一个中国"的原则，迈出了打破美国遏制和孤立新中国的重要一步。

毛泽东、周恩来访问苏联

在废除帝国主义与中国签订的不平等条约的基础上，中央人民政府在全国范围内有秩序地进行了取消帝国主义在中国的一切特权的工作。

首先收回了外国帝国主义曾拥有的海关管理权、在华驻军权和内河航行权。这三项权利对中国主权的损害最大，是中国半殖民地地位的象征。

1949 年 10 月，中国海关总署成立；中央人民政府公布《中华人民共和国暂行海关法》和新的海关税则，并由国家管制对外贸易，实行进出口许可制度。中国海关由此完全掌握在中国人民自己手中。

1950 年 1 月至 9 月，北京、天津和上海先后收回或征用美国、英国、法国、荷兰在该地的兵营和地产。外国在华军事特权被全部取消。

1950 年 7 月，中央财经委员会发布关于统一航运管理的指示，规定外轮一般不准在内河航行，同时对在华外轮公司实行逐步接管。中国领水主权也全部恢复。

对于外国政府、私人和团体在中国设立的宣传机构，在城市接管中即开始清理。随后，中国政府宣布不允许外国人继续在中国兴办报纸和杂志，停止与中国

中国海关总署成立

收回外国在中国的军事特权

无外交关系的外国通讯社和记者的活动。

对于外国人经办或接受外国津贴的文化、教育、卫生、救济等机构，暂时允许它们在遵守中国政府法令的前提下继续存在。

为使新生人民政权在经济上从而在政治上站住脚跟，新中国成立伊始的一项紧迫任务，就是制止通货膨胀和物价上涨，稳定经济形势，建立新民主主义的经济秩序，形成各种经济成分在国营经济领导下分工合作、各得其所的基本经济格局。

随着对城市的接管，各地军管会采取"自上而下，原封不动，整套接收"的办法，共没收 2400 多家官僚资本银行和 2858 个官僚资本企业归国家所有，随之建立起社会主义性质的国营经济。凡属有关国家经济命脉和足以操纵国计民生的经济事业，已通过没收官僚资本基本掌握在国家手中，成为全体人民的公共财产。国营经济作为国民经济中的领导力量和人民民主国家主要的经济基础，为国家调节各种非公有制经济成分，组织恢复生产事业提供了有力的物质手段，并决定着社会经济的性质和发展前途。

新中国成立之初，新解放地区工矿企业大都遭到不同程度的破坏，给生产事业的恢复带来极大的困难。党要求全心全意地依靠工人阶级，动员一切社会力量为恢复生产而奋斗。国营工矿企业一经建立，就站到了恢复生产事业的第一线；具有光荣斗争传统的中国工人阶级，成为恢复工业生产的主力军，担负起建设新中国的重任。与此同时，党和人民政府精心领导了稳定物价和统一财经的重大斗争。进城之初，人民政府即发布以人民币为唯一合法货币，严禁金条、银元、外币自由流通的法令，但许多投机资本家置若罔闻，继续扰乱金融市场。上海的投机商甚至扬言：解放军进得了上海，人民币进不了上海。为此，各新解放城市首先进行了取缔银元投机的斗争，上海市军管会果断地查封了金融投机的大本营"证券大楼"。武汉、广州等城市也严厉取缔所谓银元兑换店或地下钱庄，沉重打击了破坏金融的非法活动。紧接着，不法投机商又大

第一套人民币

量囤积粮食、棉纱、棉布和煤炭，哄抬价格，扰乱市场。有的国民党特务叫嚣：只要控制了两白（米、棉）一黑（煤），就能置上海于死地。鉴于此，中央人民政府精心部署了"米棉之战"，在全国范围内组织粮食、棉纱、棉布、煤炭的大规模集中调运，当物价上涨最猛的时候，全国各大城市按照中央的统一部署敞开抛售，使物价迅速下跌；同时收紧银根，使投机商因资金周转失灵而纷纷破产。由此，党和人民政府运用经济手段，取得了限制资产阶级和资产阶级反限制斗争的第一个回合的胜利。社会主义的国营经济初步取得稳定市场的主动权。

为了从根本上消除通货膨胀、稳定物价，1950年3月，政务院颁布《关于统一国家财政经济工作的决定》，决定统一全国财政收入，统一全国物资调度，统一全国现金管理。同时，政府还采取紧缩编制、清理仓库、加强税收、发行公债、节约开支等措施。自3月以后，财政收支接近平衡，通货膨胀停止，物价日趋稳定。稳定物价和统一财经的工作是新中国成立后在财政经济战线上一个具有重大意义的胜利，为稳定人民生活、恢复和发展工农业

消除通胀、稳定物价

生产，创造了有利条件。这个胜利，使国内外那些怀疑共产党能搞好经济的人们不能不表示敬佩，叹为"奇迹"，从而证明中国共产党不仅在军事上是无敌的，在政治上是坚强的，在经济上也是完全有办法的。

1950年6月，中共七届三中全会在北京召开。毛泽东作了题为《为争取国家财政经济状况的基本好转而斗争》的书面报告，这也是中央向全党和全国人民提出的当前阶段的中心任务。会议指出，我国财政经济状况已经开始好转，但这还不是根本的好转，要获得根本的好转，要用三年左右的时间，创造三个条件，即：土地改革的完成，现有工商业的合理调整，国家机构所需经费的大量节减。毛泽东在会上还作了《不要四面出击》的讲话。他指出：我们目前面临的敌人是够大够多的，必须处理好同各阶级、各民主党派、知识分子和少数民族之间的关系，以便孤立和打击当前的主要敌人，而不应四面出击，树敌太多，造成全国紧张的不利局面。

七届三中全会是新中国成立初期中共中央的一次最重要的会议，为国民经济恢复时期党的工作规定了明确的行动纲领和策略路线。

《不要四面出击》

土地改革

解放区土地改革

按照中共七届三中全会的部署，从 1950 年下半年起，在广大新解放区有领导、有秩序地开展了大规模的土地改革运动。

旧中国以地主土地所有制主导的土地制度，严重束缚社会生产力的发展，是造成国家贫困落后的主要根源，是中国实现工业化的根本障碍。为在中国彻底废除封建土地制度，1950 年 6 月 30 日，《中华人民共和国土地改革法》正式公布实行。从中央到地方各级都组织了土改工作队，分批深入各地农村，发动和带领广大农民群众同地主阶级作坚决的斗争。在充分准备的基础上，一场历史上空前规模的土地改革运动，在涉及几亿人口的广大新区农村轰轰烈烈地展开。为了不影响农业生产的正常进行，各地的土改运动一般在冬春的农闲时节进行。

新区的土地改革大体分三个阶段进行：发动群众、划分阶级、没收和分配土地财产。之后是进行复查，动员生产。根据恢复和发展生产的中心任务和新中国成立后形势发生的重大变化，这次土地改革在政策上与新中国成立前有所不同：对富农，由过去征收富农多余的土地财产改为保存富农经济；对地主，限制了没收其财产的范围；对小土地出租者，提高保留其土地数量的标准。实行这些政策，为的是更好地保护中农，有利于分化地主阶级，减少土地改革运动的阻力，并有利于稳定民族资产阶级。归根到底，是为了有利于生产的恢复和发展。

到 1952 年底，全国大陆除部分少数民族地区以外基本完成了土地制度的改革。国家从经济上对翻身农民给予支持，宣布实行低农业税率，公粮一律按常年产量计征；组织国营贸易公司和农村供销合作社，及时收购农民生产的农副产品，供应农民急需的生产资料和生活资料，并向农民发放各种农业信用贷款。广大农民在确定地权，获得土地和生产资料后，掀起群众性的生产高潮。以农民个体所有制为基础的小生产"像千年古树开新花"，一般在土地改革完成后的第一年就获得了丰收。如粮食、棉花、油料等主要农产品的产量，1951 年比 1950 年分别增长 8.6%、44.8%、21.8%；1952 年又比 1951 年分别增长 14.1%、26.5%、15.8%。增长幅度超过了以往的任何历史时期。

在约有 3000 万人口的少数民族地区，由于经济结构、政治状况和社会历史条件有许多不同于汉族地区的特点，土地关系中存在复杂的民族关系和宗教关系。中央分别不同情况，实行"坚持民主团结、慎重稳进"的方针以及更加缓和的步骤和政策，使少数民族地区陆续实现了民主改革。考虑到西藏地区历史与现实的复杂情况，中央决定由西藏地方政府自动进行改革，同意西藏在第二个五年计划期间（1958—1962 年）仍可以不进行民主改革。后来由于 1959 年西藏上层统治集团发动武装叛乱，中央在平叛过

1953 年土改完成，农民拿到土地证

西藏农奴

程中，应广大农奴和上层爱国人士的要求，才开始在西藏地区进行民主改革，于 1960 年 10 月基本完成，消灭了中国大陆上最后残留的封建制度。

全国范围内土地改革的基本完成，消灭了封建制度的经济基础和地主阶级，使广大农民获得了土地等生产资料，摆脱了千百年来封建宗法的人身束缚，极大地解放了农村生产力，促进了农村经济迅速走向恢复和发展。土地改革作为亿万人民群众争取民主的伟大运动，为新中国逐渐走向进步奠定了深厚的群众基础，这

1954 年康藏公路、青藏公路建成通车

镇压反革命

是近代以来中国人民反封建斗争的一个历史性界碑。

以土地改革为中心，党和人民政府还在全社会范围领导开展了包括社会生活许多方面的民主改革。

党和人民政府高度重视镇压反革命的工作。1950 年 10 月 10 日，中共中央发出《关于镇压反革命活动的指示》，要求各地全面贯彻"镇压与宽大相结合"的政策，对罪大恶极的反革命首要分子，坚决镇压。从 12 月开始，全国大张旗鼓地开展了一场镇压反革命的运动。运动打击的重点，是土匪（匪首、惯匪）、特务、恶霸、反动会道门头子和反动党团骨干分子。1953 年秋，镇压反革命运动全部完成，基本上扫除了国民党反动派留在大陆的反革命残余势力。曾经猖獗一时的匪祸，包括旧中国历代都未能肃清的湘西、广西土匪，以及许多城市的黑社会势力，基本被肃清。原来直接骑在人民头上的"东霸天""西霸天"被彻底扫除，有力地调动了人民群众参加土地改革和生产建设的积极性。

随着国营企业陆续建立起党、团、工会组织，从 1950 年起，国营工矿交通企业逐步开展民主改革。各厂矿废除了工人群众深恶痛绝的封建把头制和侮辱工人的搜身制等，清除了隐藏在企业内部的反革命分子和封建残余势力，加强了工人阶级内部的团结，并吸收工人参加工厂管理，逐步实行企业管理民主化。通过民主改革，广大职工群众"搬掉了头上的石头"，真正翻身作了国家和企业的主人，大大提高了生产积极性。

涉及全社会的一项民主改革，是改革旧的婚姻制度。1950 年 5 月 1 日，中央人民政府颁布了新中国的第一部法律《中华人民共和国婚姻法》，废除包办强迫、男尊女卑、漠视子女利益的封建婚姻制度，实行保障男

中华人民共和国婚姻法

女婚姻自由的新民主主义婚姻制度。结合《婚姻法》的公布，全国城乡开展了广泛的宣传教育活动，封建包办婚姻和压迫摧残妇女的现象受到法律的制约和全社会的谴责。这是几千年来中国社会家庭生活的伟大变革，有效地推进了妇女的解放。

取缔旧社会遗留的卖淫嫖娼、贩毒吸毒、聚众赌博等各种丑恶现象，当时也带有民主改革的性质。经过两三年的努力，这类旧中国的不治之症、在西方国家也屡禁不绝的社会祸害，在中国共产党和人民政府的领导下，基本上被禁绝。新中国匡正社会风气、净化社会环境的有力举措和显著成绩，获得社会各界的拥护和称赞，被称为"古来稀事"。

经过民主改革，从农村到城市，从工厂、学校到社会各界、各阶层人民的精神面貌焕然一新，反映了从旧中国到新中国的深刻社会变革，为恢复和发展国民经济创造了良好的群众基础和社会环境。

抗美援朝

正当中国人民努力为恢复国民经济而奋斗的时候，1950 年 6 月 25 日，朝鲜内战爆发。美国总统杜鲁门立即作出强硬反应，宣布武装援助南朝鲜，并派遣美国海军第七舰队进入中国台湾海峡。未满周岁的新中国，面临着外部侵略的严重威胁。

6 月 28 日，周恩来发表声明，强烈谴责美国对台湾的侵略，是对联合国宪章的彻底破坏。他代表中国政府宣布：不管美帝国主义采取任何阻挠行动，台湾属于中国的事实永远不能改变。中国人民必将万

抗美援朝

众一心，为解放台湾而奋斗到底。

9月15日，美军在朝鲜西海岸仁川登陆，截断南进的朝鲜人民军的后路，并准备越过三八线，吞并全朝鲜。9月30日，周恩来发出严正警告："中国人民决不能容忍外国的侵略，也不能听任帝国主义者对自己的邻人肆行侵略而置之不理"，并通过印度驻华大使转告美国政府：朝鲜事件应该和平解决；如果美军企图越过三八线，扩大战争，中国决不能"坐视不顾"。但是，美国政府无视中国人民的决心和力量，令美军继南朝鲜军之后越过三八线，向朝鲜北方大举进犯，把战火燃向中国东北边境。在战争形势急剧恶化的情况下，朝鲜民主主义人民共和国首相金日成向中国党和政府提出"出兵援助"的请求。至此，中国人民同美帝国主义之间的一场武装较量已不可避免。

当时，新中国经济恢复刚刚开始，长期战争的创伤尚待养息，财政状况困难，人民政权还没有完全巩固，无论经济实力或武器装备都远不能同美国相比。但是，从维护国家主权和领土完整的根本原则出发，毛泽东主持中央政治局会议慎重讨论，反复权衡，一致得出"应当参战，必须参战，参战利益极大，不参战损害极大"的结论。10月8日，毛泽东主席发布命令，将东北边防军组成中国人民志愿军，任命彭德怀为司令员兼政治委员，待命出动。同日，周恩来赶赴苏联，向斯大林和苏共中央通报中国党讨论朝鲜战争问题的情况，并同苏方就武器供给和空中掩护等问题进行磋商。18日晚，毛泽东向志愿军下达入朝作战的正式命令。

1950年10月19日黄昏，中国人民志愿军隐蔽跨过鸭绿江。在入朝之初，志愿军即果断捕捉战机，给长驱直入的敌军以出其不意的打击，将敌人从鸭绿江边赶到清川江以南，取得第一次战役的胜利。11月，"联合国军"司令麦克阿瑟发动所谓"圣诞节结束战争"的攻势，

志愿军跨过鸭绿江

继续大规模北犯。志愿军同朝鲜人民军联合反击，包围歼灭和重创大批敌军，再战告捷。12月，中朝军队收复平壤及三八线以北敌占区，并进至三八线以南部分地区，扭转了朝鲜战局。此后，敌我双方又进行了互有进退攻守的三次大的战役：1951年初，中朝军队发起全线进攻，突破"联合国军"在三八线的设防，一度解放汉城，将敌驱逐至三十七度线附近，但第三次战役未能大量地歼灭敌人有生力量，战争的长期性、艰苦性已经显露出来。"联合国军"旋即发动反扑，重新进占汉城。中朝军队举行第四次战役，以坚守防御、战役反击和运动防御多种作战形式，将敌阻止于三八线。接着，中朝军队又举行第五次反击战役，至6月上旬，敌我双方在三八线附近均转入防御。中国人民志愿军在五次战役中共歼敌23万人，把战线稳定在三八线附近。

经过入朝后五次战役的作战实践，根据国际关系和战场形势发生的复杂变化，中共中央、毛泽东确定了"边打边谈"的基本方针，即："充分准备持久作战和争取和谈结束战争"。从1951年7月起，朝鲜战争即进入边打边谈阶段。毛泽东代表中国政府和中国人民严正声明：我们是要和平的，但是，只要美帝国主义一天不放弃它那种蛮横无理的要求和扩大战争的阴谋，中国人民的决心就是只有同朝鲜人民一直战斗下去，一直打到中朝人民完全胜利的时候为止。

经过两年边谈边打的复杂斗争，战争双方终于就停战问题达成协议。1953年7月27日，在三八线以南新校正的军事分界线上的板门店，中朝一方和美韩一方正式签署了朝鲜停战协定。在中朝人民同仇敌忾的坚决斗争下，美国自开国近200年来第一次在没有取得胜利的停战协议上签字。历时三年的抗美援朝战争，以美帝国主义企图霸占朝鲜全境的野心遭到破产而告结束。战争的结果雄辩地证明，西方侵略者几百年来只要在东方一个海岸上架起几尊大炮就可以霸占一个国家的时代，已经一去不复返了。

在志愿军入朝作战的同时，国内开展了轰轰烈烈的全国人民抗美援朝运动。在中国人民抗美援朝总会的号召下，全国男女老少、各阶层人民普遍订立爱国公约，进行捐献飞机大炮运动。至1952年5月底，捐款达人民币5.565亿元，折合飞机3710架。广大工人、农民通过开展增产节约运动和爱国丰产运动，保证以充足的物资支援朝鲜前线。祖国人民组织各种慰问团深入到朝鲜前后方，慰问志愿军、朝鲜人民军和朝鲜人民，大大鼓舞了中朝军队的战斗意志和保卫世界和平共同胜利的信念。在整个战争期间，全国人民支援朝鲜前线的各种作战物资达560余万吨，为夺取战争的胜利作出了重大贡献。

抗美援朝战争的历史性胜利，使新中国的国际威望空前提高。以此为契机，中央人民政府积极开展外交活动，为在国内进行大规模有计划的经济建设创造有利的国际和平条件。

恢复重建

    在进行抗美援朝、土地改革和各项民主改革的条件下，党和政府领导开展了包括经济、政治、教育文化等多方面的新民主主义建设。

    旧中国经济本来就极其落后，多年的战争更使它遭受严重破坏。1949年同历史上的最高水平相比，工业总产值减少一半，粮食减少约25%，棉花减少约48%。这种状况使恢复国民经济的任务十分紧迫。1951年2月，中共中央政治局提出"三年准备，十年计划经济建设"战略思想，向全党、全国明确了当前所进行的一切工作，都是为即将实行的国家工业化直接做准备。

    根据"边打、边稳、边建"方针，中央把扩大城乡交流放在财经工作的第一位，动员各种社会力量，公营、私营、合作社商业一起上，通力开辟流通渠道，打开农村土特产品的销路，拓展工业品在农村的市场。1951年，中央推广了华北地区举行土产交流大会的经验，全国各种形式的物资交流大会此起彼应，盛极一时。在绥远一向不值钱的烂皮废骨，运到上海便成了适用的工业原料；两广的片糖、砂糖行销内蒙古；东北的土碱、黄烟畅销于关内；江西的瓷器、湖北的土布重新销往西北；更有猪鬃、茶叶、桐油、松香等许多土特产品远销到苏联和东欧国家，换回恢复经济所急需的机械设备。扩大农副土产品的收购，使农民手里有了钱，大大提高了农民的购买力。各地展销会上的新式农具，天津的暖水瓶、上海的自行车等日用工业品，深受农民的欢迎。"土产一动，百业俱兴。""扩大农副土产品的购销，不仅是农村问题，而且也是目前活跃中国经济的关键。"

影响我国经济恢复和建设的另一个方面，是帝国主义的封锁禁运。新中国成立后，在实行对外贸易统制和保护民族工业的贸易政策下，首先同苏联和其他人民民主国家建立和发展经济贸易关系，同时也积极寻求同西方资本主义国家做生意。1950年，新中国对外贸易总额为11.35亿美元，超过了1931年"九一八"事变以来的任何一年。抗美援朝战争开始后，美国发动了对中国实施全面的封锁禁运，颁布有关管制对中国大陆、香港、澳门的战略物资输出等法令；宣布冻结中国政府在美的资产、中国人民在美的银行存款及其他财产。同时，操纵联合国通过提案，拉拢英、法、联邦德国、日本、菲律宾、加拿大等36个国家参加了对中国的封锁禁运行动。

封锁禁运给新中国的对外贸易带来很大困难。但中国人民没有被这些困难吓倒，积极展开反封锁禁运的斗争，尽力弥补损失。一方面挖掘内部潜力，扩大国内交流，使一些物资不再依赖从西方国家进口；另一方面，将西方所禁运的各种战略物资，转为大部分从苏联等国进口。同时，充分利用香港、澳门进行转口贸易的特殊地位，把开展内地同港澳地区的贸易，作为反封锁禁运的一条重要战线。此外，积极发展已同我国正式建交的资本主义国家的贸易，继续保持与英、法、日等国的民间贸易往来，努力克服帝国主义封锁造成的种种困难。在西方"禁运"最猖獗的1951年，中国对外贸易总额达19.55亿美元，超过了新中国成立前的最高年份1928年的15.53亿美元，并继续呈增长势头，逐渐将旧中国的长期入超转变为进出口大体平衡的局面。

农业的恢复是国民经济一切部门恢复的基础。党和人民政府在土

兴修水利

地改革解决农民土地问题的基础上，充分调动农民个体经济和劳动互
助两方面的生产积极性，还采取减轻税负、动员群众兴修水利等一系
列的政策和措施，促进农业生产恢复和发展。国家在财政仍还很困
难的情况下，拨出大笔资金用于水利建设。著名的根治淮河工程、官
厅水库工程、荆江分洪工程，都是这一时期开始动工和加紧进行的。
1952 年，我国粮食总产量为 3278.4 亿斤，比历史上年产最高的 1936
年增长 9.3%。棉花总产量从 1949 年的 888.8 万担，增加到 1952 年的
2607.7 万担，增长 193.4%，为历史上最高年产量的 153.6%。

　　工业生产的恢复是在艰难境况中起步的。中国共产党强调：一要
依靠工人阶级；二要依靠国营经济。首先重点恢复国计民生所急需的
矿山、钢铁、动力、机器制造和主要化学工业，同时恢复和增加纺织
及其他轻工业生产。国家除重点恢复和改造东北等地原有企业以外，
还有计划地新建了一批急需的工业企业，如阜新海州露天煤矿，鞍山
钢铁公司无缝钢管厂和大型轧钢厂，山西重型机械厂，武汉、郑州、西

鞍钢等三大工程建成投产

安、新疆的纺织厂，哈尔滨亚麻厂等。这批新建厂后来都成为我国工业战线上的骨干企业。

交通运输业是经济恢复的重点。三年中，国家用于交通运输建设的投资占全国基建投资总额的 26.7%。1949 年底，我国基本恢复了原有的铁路网，东西大干线陇海路全线通车，中断多年的京汉线和粤汉线也恢复运营。1950 年 6 月，穿越巴蜀的成（成都）渝（重庆）铁路开始动工修筑，1952 年 6 月即告完工。这条铁路是清朝末年就酝酿兴建的川汉铁路的一段，拖了近半个世纪未铺上一根钢轨，而新中国成立后仅用两年时间就建成通车。这一时期，通往"世界屋脊"拉萨的康藏、青藏公路也开始兴修。

在恢复和发展国民经济中，如何对待私营工商业是一个很重要的问题。私营经济有两面性，人民政府在发挥其积极作用的同时，又必须限制其消极的一面。1950 年初稳定物价、统一财经后，私营工商业一度出现商品滞销、工厂关门、商店歇业、职工失业等情况。为了解决这些问题，从 1950 年 6 月起，全国各大中城市全面调整工商业。调整工作的基本方针是"公私兼顾、劳资两利"，主要是调整公私关系、劳资关系和产销关系，重点是调整政府和国营经济同私人资本主义经济之间的关系。调整的主要措施，一是加强对私营工厂的加工订货；二是增加货币投放，收购农副土产品，扩大城乡交流，活跃国内市场。调整工作到 1950 年底完成。经过半年的调整，私营工商业不仅渡过了难关，还得到很大发展。资本家为工商业调整所带来的丰厚利润深感振奋。武汉有资本家用一副对联表达自己的兴奋之情："挂红旗五星（心）已定，扭秧歌稳步前进"；上海资本家称 1951 年是私人资本主义经济发展的"黄金时期"。

但是，资本家中的一些不法分子并不满足于用正常的方式获得的利润，而是试图用向国家干部行贿等非法手段获取高额利润。由于发现资本家腐蚀党政干部的严重情况，1951 年 11 月中共中央决定在党政机关工作人员中开展一场反对贪污、反对浪费、反对官僚主义的"三反"运动；1952 年 1 月决定在私营工商业者中开展一场反对行贿、偷税漏税、偷工减料、盗骗国家财产、盗窃国家经济情报（通称"五毒"）的"五反"运动。

"三反"斗争大张旗鼓、雷厉风行地展开，首先抓住重大典型案件，严肃处理。如中共天津地委前任书记刘青山、在任书记张子善堕落为大贪污犯，尽管他们在革命战争中有过功劳，但党和政府决不姑息，经人民法院判处他们死刑，执行枪决。这是中国共产党在全国执政条件下为保持廉洁向腐败打响的第一枪。"三反"运动历时半年多，清除了一批吞噬共和国大厦基石的蛀虫，有力地抵制了旧社会的恶习和资产阶级的腐蚀，树立了廉洁朴素、厉行节约、爱护国家财产的新的社会风气。

城市工商业界开展"五反"运动之初，发现"五毒"行为在资本家中不同程度地普遍存在。少数资本家"五毒"之严重，触目惊心，如：用废烂棉花制造急救包，用变质牛肉、臭鸡蛋制造食品罐头等，这些东西送到朝鲜前线，使不少志愿军战士没有倒在敌人的枪口下，却因使用或食用后方送来的药品、食品而致残致死。这些情况激起了全国人民的公愤，"打退资产阶级的猖狂进攻"，成为全国上下强烈的呼声。全国范围的"五反"运动历时半年结束。这次运动有力地打击了不法资本家的"五毒"行为，在工商业者中普遍进行了一次守法经营教育，推动了在私营企业中建立工人监督和民主改革，使党和国家在对资产阶级进行限制和资产阶级反限制的斗争中，取得又一回合的胜利。

贯彻新民主主义建国纲领的一项重要内容，是加强民主建政。按照《共同纲领》的规定，中央人民政府发布省、市、县各界人民代表会议组织通则，规定凡具备条件的地方应抓紧召开各界人民代表会议，并促使其逐步代行人民代表大会职权，选举产生各该级的人民政府。党中央强调：我们国家的民主化，与新民主主义的经济建设及国家的工业化是不能分离的，"我们的基本口号是：民主化与工业化!"到1952年底，人民代表会议已经形成一项经常的制度，在全国范围内自下而上地建立起来，通过这一组织形式，原来缺乏民主训练的人民群众，开始逐步学会如何行使自己的民主权利，各级人民政府也在实施民主建政的过程中，逐步提高了行政效率和组织管理能力。

在民主建政的同时，中央要求进一步加强统一战线工作，积极争取知识分子、工商业界、宗教界、民主党派、民主人士，在反帝反封建的基础上将他们团结起来，吸引他们参加包括土地改革、镇压反革命在内的人民革命斗争和适当工作；加强政权机关和协商机关中党与非党人士之间的合作，做到使他们有职有权。

根据《共同纲领》关于国内各民族一律平等的政策，人民政府为加强民族团结互助进行了大量工作，协调解决民族间和民族内部存在的纠纷，并抽出必要的财力、物力帮助少数民族发展经济事业，改善少数民族群众的生活。1951 年 8 月，《中华人民共和国民族区域自治实施纲要》公布实施。根据纲要对民族自治机关、自治权利、自治区内的民族关系、上级人民政府的领导原则等问题所作具体规定，到 1953 年 3 月，已在包括约 1000 万人口的少数民族聚居区，建立起一批县级和县级以上的民族自治区和相当数量的民族自治乡。经过三年多的努力，民族区域自治已成为国家的一项重要国策和基本制度，它对祖国统一、民族平等、民族团结和民族发展具有重大的意义。

新民主主义文化建设的基本方针，一是要适应和推进政治变革，二是要适应和推进经济建设。新中国成立以后，首先有步骤地对私营报纸、刊物、广播等事业进行改造，把作为舆论宣传、大众传播重要工具的这部分文化事业，完全置于党和国家的统一领导之下，确立马克思列宁主义、毛泽东思想在全国一切工作中的指导思想的地位。同时，谨慎地对旧有学校教育事业和旧有社会文化事业进行改革。教育改革的内容，主要是实行国家对学校的领导，废除原来的反动政治教育，建立和加强革命的政治教育；教育向广大人民群众敞开大门；在全国范围进行高等学校的院系调整，大幅度扩大招生，以适应有计划建设和工业化发展对人才的急迫需要。在科学工作方面，成立中国科学院和调整科学研究机构，培养与合理地分配科学人才；提出科学研究为人民服务的方向，学术研究与实际需要密切配合的方针。在文艺工作方面，提倡文艺为工农兵服务，为人民服务，还提出"百花齐放，推陈出新"的方针。在医药卫生工作方面，提出"面向工农兵""预防为主""团结中西医"三大方针。在这些方针的指导下，科学、教育、文化、卫生事业的改革和发展，都取得显著成绩。

知识分子的思想改造，是我国在各方面彻底实现民主改革和逐步实现工业化的重要条件之一。建国之初，广大知识分子爱国热情很高，学习热情也很高。他们希望深入了解革命，了解共产党，了解新社会，以适应形势的巨大变化和发展。1951年9月，北京大学十二位教授发起北大教员政治学习运动，由此推广到北京、天津各高等学校的教师中开展了一个比较集中的思想改造学习运动。周恩来受中央委托，向京津两市高校教师学习会作了《关于知识分子的改造问题》的报告。此后，学习运动逐渐扩展到整个知识界，发展成为全国规模的知识分子思想改造运动，到1952年秋基本结束。这次学习运动，是知识分子为适应新形势的要求而进行的自我教育和自我改造，主要解决分清革命与反革命、树立为人民服务的观点问题，对帮助从旧社会过来的知识分子初步接受马克思主义起了促进作用。

中华人民共和国成立后，中国共产党十分重视在全国执政条件下党组织自身的建设。1950年，针对党内一部分人在革命胜利的形势下滋长了居功自傲情绪和官僚主义、命令主义作风，全党进行了一次历时半年的整风学习。1951年下半年起，又在全国范围开展了一次整党运动，主要是整顿党的基层组织，对党员进行关于共产党员必须具备的八项条件的教育。据1953年6月底统计，在总数为630余万的党员中，90%以上是合于或基本合于共产党员标准的；同时，有32.8万人被开除出党或被劝告退党。通过整风整党，纯洁了党的队伍，为顺利完成恢复国民经济的任务提供了组织和领导上的保证。

经过三年的努力，我国整个国民经济得到全面恢复和初步发展。1952 年，全国工农业总产值 810 亿元，比 1949 年增长 73.8%，比解放前最高水平的 1936 年增长 20%。其中，工业总产值比 1949 年增长

1950—1952 年，国民经济得到全面恢复和发展

149.3%；钢产量达到 134.9 万吨，比 1949 年增加 7.54 倍，比历史最高水平增加 46.3%；生铁产量比 1949 年增加 6.72 倍，比历史最高水平增加 7.2%；原油、水泥、电力、原煤等都超过历史最高产量。棉纱、棉布、食糖等主要轻工业产品也超过历史最高水平。1952 年，我国农业总产值比 1949 年增长 41.4%；粮、棉、大牲畜、生猪等主要农产品的产量，均超过新中国成立前的最高水平。按可比价格计算，1952 年的国民收入比 1949 年增长 64.5%。国家财政收入有了成倍增加，1952 年

比 1950 年增长 181.7%，并且收大于支，连年结余。在财政总支出中，用于经济建设的支出逐年上升，社会文化事业支出不断增长。城乡人民收入逐年增长，生活普遍得到改善。

中华人民共和国成立后头三年国民经济的增长，虽然带有明显的战后恢复性质，但从世界范围来看，与二战后欧亚各国经济恢复到战前水平的情况相比，新中国战后经济恢复之快，增长幅度之大，是举世瞩目的。国民经济的全面恢复和初步发展，为国家开始进行大规模的经济建设和沿着新民主主义轨道逐步走向社会主义奠定了良好的基础。

酝酿过渡
1953.6—1956

1953.6

中共中央政治局会议正式讨论和制定了中国共产党在过渡时期的总路线。

1956

「一五」计划头三年，各个领域取得巨大成就。

保驾护航
1953—1956

1953.12.31

周恩来在北京接见印度谈判代表团时，首次系统地提出了和平共处五项原则。

1954.9.15-18

第一届全国人民代表大会在北京隆重召开。大会通过了第一部《中华人民共和国宪法》，史称「1954年宪法」。

三大改造
1953—1956

1953

伴随大规模经济建设的展开，国家对农业、手工业和资本主义工商业的社会主义改造，也迈开了步伐。

1956

社会主义改造完成，中国实现了生产资料所有制的深刻变革。

1953

第二章
CHAPTER TWO

过渡时期

1956

在国民经济恢复和国营经济力量不断增强的基础上，中共中央开始考虑从新民主主义向社会主义转变的问题。1953 年，党提出过渡时期的总路线，开始实行开展大规模经济建设的第一个五年计划。在过渡时期中，党创造性地开辟了一条适合中国特点的社会主义改造道路，比较顺利地实现了极其复杂和深刻的社会变革，促进了工农业和整个国民经济的发展。到 1956 年，全国绝大部分地区基本上完成了对生产资料私有制的社会主义改造，初步建立起社会主义基本制度，中国开始进入社会主义初级阶段。

酝酿过渡

从 1953 年起，我国开始实行"三年准备、十年建设"设想的第二步发展战略，即进行以实现国家工业化为目标的大规模经济建设，并采取实际的步骤向社会主义过渡。为此，中国共产党提出了过渡时期的总路线。

当时，我们国家发展面临的形势是：大规模土地改革的任务在全国大陆基本完成；朝鲜停战谈判在主要问题上达成协议，新中国被迫进行的这场战争不久可望结束；恢复国民经济的工作进展顺利，基本实现了预计的目标，各项生产都恢复到或超过了历史上的最高水平。这种情况表明我国已经有了进行大规模经济建设的条件。

与此同时，我国社会生活中也出现和积累了一些新的矛盾：在农村，土地改革后农民分散的个体经济难以满足城市和工业对粮食与农产品原料不断增长的需要；农村贫富差距一定程度拉开，引起中国共产党内对两极分化的担忧，关注个体经济朝哪个方向发展的问题。在城市，工人阶级和国营经济同资产阶级之间限制和反限制的斗争经历了几个回合，"三反""五反"运动中私人资本主义经济的消极面突出地暴露出来，但斗争并未结束而是时起时伏。这些问题和矛盾，都需要明确的方针和系统的政策来逐步加以解决。

在这样的背景下，中共中央经过将近一年的反复酝酿，形成和提出了过渡时期的总路线，明确地向全国人民提出了建设社会主义的伟大任务。1952 年 9 月，毛泽东在中共中央书记处会议上指出：我们现在就要开始用十到十五年的时间基本上完成到社会主义的过渡，而不是十年或者更长时间以后才开始过渡。这是酝酿总路线的开始。

1953 年 6 月，中共中央政治局会议正式讨论和制定了中国共产党在过渡时期的总路线，即："从中华人民共和国成立，到社会主义改造基本完成，这是一个过渡时期。党在这个过渡时期的总路线和总任务，是要在一个相当长的时期内，逐步实现国家的社会主义工业化，并逐步实现国家对农业、对手工业和对资本主义工商业的社会主义改造。这条总路线是照耀我们各项工作的灯塔，各项工作离开它，就要犯右倾或'左'倾的错误。"1954 年 2 月，中共七届四中全会通过决议，正式批准了中央政治局确认的这条总路线。

党在过渡时期总路线的特点，是社会主义工业化与社会主义改造同时并举，体现了发展生产力和变革生产关系的统一。其中，国家工业化处在主体地位；对个体农业、手工业的改造和对资本主义工商业的改造，处于两翼的配合地位。主体和两翼之间是彼此联系、相互促进的。过渡时期总路线提出以后，中国共产党党内迅速统一了认识，并在全社会进行了广泛深入的宣传教育工作，获得全国各阶层人民的支持和拥护，成为团结和动员全体人民共同为建设一个伟大的社会主义新中国而奋斗的新的纲领。

1953 年，我国开始执行国家建设的第一个五年计划。全党和全国人民把注意力迅速地转移到社会主义工业化的任务上来。"一五"计划的编制，从 1951 年开始着手，由周恩来、陈云等主持，具体工作由中央财经委员会负责。计划一方面初步编制和开始执行，一方面不断讨论修改，草案于 1954 年 9 月基本确定。1955 年 3 月，"一五"计划草案获得中国共产党全国代表大会的同意，同年7月，在第一届全国人民代表大会第二次会议上正式审议通过。

第一个五年计划确定的指导方针和基本任务是：集中主要力量发展重工业，建立国家工业化和国防现代化的初步基础；相应地发展交通运输业、轻工业、农业和商业；相应地培养建设人才；有步骤地促进农业、手工业的合作；继续进行对资本主义工商业的改造；保证国民经济中社会主义成分的比重稳步增长，同时正确地发挥个体农业、手工业和资本主义工商业的作用；保证在发展生产的基础上逐步提高人民物质生活和文化生活的水平。"一五"计划规定，五年内国家用于经济和文化建设的投资总额将达766.4亿元，全部基本建设投资的58.2%用于工业基本建设，其中又把88.8%用于重工业建设，这在我国历史上是空前的。

"一五"计划的制订和实施，得到苏联政府的很大帮助，苏联一共帮助中国兴建了156个项目。对于这些项目，苏方不仅提供贷款，而且从资源勘探、厂址选择、技术设计、机器设备、建筑安装到人员培训、试车投产，都将给予具体的指导和帮助。与此同时，党和政府注

第一辆解放牌汽车

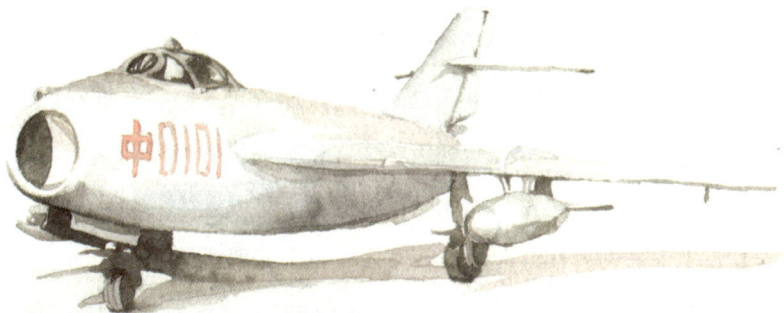

中国第一架喷气式飞机

意坚持独立自主、自力更生的方针，强调凡能自己解决的绝不依赖外援。在"一五"计划期间，国家财政中来自国外的贷款，只占国家总收入的 2.7%。1956 年，中共中央进一步明确提出建立独立完整的工业体系的方针。这些方针和做法，对于后来我国在国际关系剧烈变化中能够坚持独立自主的立场，具有深远意义。

第一个五年计划一开始执行，全国城乡便迅速形成参加和支援国家工业化建设的热烈景象。工人阶级是国家的领导阶级，又是工业化战线的主力军，他们一马当先，以国家主人翁的态度投入到生产建设当中。农民用增加生产，积极交纳农业税和交售粮棉的实际行动支援工业建设。大批高等学校和各类专业技术学校的毕业生自觉服从国家分配，奔赴祖国各地工业建设的最前线。各级党委像战争年代选派大批干部到军队中去一样，抽调优秀干部充实到工业战线上去。

"一五"计划头三年，工业化建设取得很大成就。我国现代工业在工农业总产值中的比重，由 1952 年的 26.7% 上升到 1955 年的 33.6%。1953 年 12 月，鞍山钢铁公司三大工程——大型轧钢厂、无缝钢管厂、七号炼铁炉举行开工生产典礼，这是我国重工业建设中首批竣工投入生产的重要工程，是社会主义工业化起步时具有代表性意义的胜利。我国不仅新建了许多工业企业，而且采用了当时比较先进的苏联的技术装备，如：机械工业有哈尔滨量具刃具厂、沈阳第一机床厂、长春第一汽车制造厂；电力工业有已建成的富拉尔基热电站、抚顺火力电站及丰满水电站，还有新建的煤矿矿井等。尤其是机械制造工业有了长足的发展，已经能够生产火车机车、大型机床、电机、现代采煤机械、地质钻探机械等大型设备，并成功制造了第一架飞机（军用）。从 1953 年开始酝酿的第一座横跨长江天堑的武汉长江大桥已正式动工兴建；全长 2255 公里的康藏公路建成通车；兰新铁路黄河大桥建成通车。到 1955 年年底，公路建设已提前完成"一五"计划，成为最早完成"一五"计划的部门。

武汉长江大桥建成

保驾护航

　　围绕实现过渡时期的总路线和总任务，大规模经济建设开始后，国家其他方面的建设也亟待相应发展。尤其是加强政治法律上层建筑领域的建设，以便更好地为建立社会主义经济基础服务。

　　1952 年秋，鉴于一届政协任期已满，中共中央向全国政协常委会提出召开全国人民代表大会的提议。全国政协常委会举行扩大会议就此交换意见，认为在三年来取得的伟大胜利的基础上，在开始大规模经济建设的同时，召开全国人民代表大会和地方各级人民代表大会，是符合全国人民要求的。为此，中央人民政府决定分别成立以毛泽东为主席的中华人民共和国宪法起草委员会；以周恩来为主席的中华人民共和国选举法起草委员会，领导进行宪法和选举法的起草工作。根据 1953 年 2 月公布的《中华人民共和国选举法》，全国各地经过一年多的紧张工作，在 21 万多个基层选举单位，3.23 亿登记选民中进行了基层选举，共选出基层人民代表大会的代表 566 万余名。接着，县、市、省相继召开人民代表大会，选举产生了 1226 名出席全国人民代表大会的代表。

　　1954 年 9 月 15 日至 28 日，第一届全国人民代表大会在北京隆重召开。大会的首要任务，是制定国家的根本大法——宪法。大会通过了第一部《中华人民共和国宪法》，史称"1954 年宪法"。这部宪法用根本大法的形式，把中国共产党在过渡时期的总路线作为国家在过渡时期的总任务确定下来。坚持社会主义道路和人民民主原则，从此成为中华人民共和国遵循的基本原则。依照宪法规定，全国人民代表大会完全统一地行使最高国家权力，国家行政机关从国务院到地方各级人民委员会，都由全国人民代表大会和地方各级人民代表大会产生，受它们的监督，并可由它们罢免。国家行政机关不能脱离人民代表大会或者违背人民代表大会的意志而进行活动。一切重大问题都应当经过人民代表大会讨论，并作出决定。由此，确立了人民代表大会制度为中华人民共和国的根本政治制度。

大会依据宪法和有关组织法，选举和决定了国家领导工作人员。毛泽东当选为中华人民共和国主席，朱德为副主席。刘少奇当选为全国人民代表大会常务委员会委员长，宋庆龄等13人为副委员长。根据中华人民共和国主席毛泽东的提名，大会通过决定以周恩来为国务院总理。根据周恩来的提名，决定任命陈云、林彪、彭德怀、邓小平等10人为国务院副总理。新成立的国务院作为最高国家行政机关，统一领导全国地方各级国家行政机关的工作。

随着全国人民代表大会的召开，中国人民政治协商会议全体会议代行全国人民代表大会职权的任务已经结束。1954年12月，中国人民政治协商会议举行二届一次会议，推举毛泽东为政协第二届全国委员会名誉主席，选举周恩来为主席，宋庆龄等15人为副主席。会议还通过新的《中国人民政治协商会议章程》。人民政协作为全中国人民民主统一战线的组织形式继续存在，体现了中国共产党领导的多党合作和政治协商制度的特点。

《中华人民共和国宪法》的重要内容之一，是确立中国国内各民族之间平等友爱互助的关系，保障各少数民族的自治权利；正式确认民族区域自治是一项国家制度，并把自治地方划为自治区、自治州、自治县三级。内蒙古自治区是最早成立的省级自治区。1955年10月1日，新疆维吾尔自治区宣告成立。西藏自治区筹备委员会于1956年4月成立。广西壮族自治区和宁夏回族自治区于1958年3月和10月相继成立。这样，到1958年年底，在全国15个省、区已建立民族自治地方87个，除省级自治区外，有自治州29个、自治县（旗）54个，包括35个民族成分。实行自治的民族人口，已占全国有条件建立自治地方的少数民族人口的绝大多数。

在国防建设方面，根据中华人民共和国成立后人民解放军的任务已由进行军事战争夺取政权，转变为巩固人民民主专政、防御外敌入侵、保卫社会主义革命和建设、保卫国家安全和领土主权的完整，中共中央、毛泽东提出必须建设一支现代化、正规化的革命军队的新的历史任务。据此，人民解放军通过精简整编，逐步适应大规模经济建设和军队现代化正规化建设的需要，压缩军队定额，减少军费开支，向国家各方面的建设输送了大批骨干力量。为适应现代化战争的要求，人民解放军开始实行由单一兵种向多军兵种的转变，先后组建了空军、海军、防空军、公安军等军种，炮兵、装甲兵、工程兵、铁道兵、通信兵、防化兵等兵种的领导机关及所属部队，由过去单一步兵组成的军队向诸军兵种合成的军队发展，为实现军队的现代化正规化奠定了基础。在此期间，国家还加强了军事国防工业的建设，1955年、1956年中央先后成立了领导航空、导弹、原子能事业的领导机构及研究机构，开始研制发展包括导弹、原子弹在内的尖端武器，提高我国军队的现代化水平。1951年解放军军事学院的创办以及后勤学院、军事工程学院、政治学院、各军兵种学院的相继建立，形成了比较完整的军队院校体系，培养出大批军事指挥和军事技术人才，对军队现代化、正规化的建设作出了重大贡献。

在实行过渡时期总路线的过程中，发生了高岗、饶漱石分裂党的重大事件。1952年年底至1953年年初，高岗由中共中央东北局第一书记调任国家计划委员会主席，饶漱石由中共中央华东局第一书记调任中共中央组织部部长。他们到中央工作后，出于个人野心在党的领导层制造分裂，进行阴谋活动。1954年2月，中共七届四中全会揭发批判了高岗、饶漱石的反党分裂活动。1955年3月，中国共产党全国代表会议通过决议，开除高岗、饶漱石的党籍，撤销他们所担任的一切职务。

经济建设高潮的到来，为我国的文化、教育、科学事业的发展提出新的任务和要求。在文艺方面，主要是加强党对文艺创作（包括文学、戏剧、电影、美术、音乐等）的领导，引导作家按照为工农兵服务的政治方向和社会主义现实主义的创作原则前进；同时克服在领导创作上的简单行政方式和粗暴态度。在"百花齐放，推陈出新"方针指导下，我国的文化工作出现欣欣向荣的景象。电影《白毛女》、评剧

扫盲

《刘巧儿》、昆曲《十五贯》、小说《暴风骤雨》等许多新创作和改编的优秀文艺作品,深受广大群众的欢迎,丰富了人民的文化生活。

　　教育方面,1953年1月,党和政府提出"整顿巩固、重点发展、提高质量、稳步前进"的文教工作方针,强调教育工作的重点是高等教育,中心是培养人才,特别是培养高、中级技术人才,并在全国范围进行了高等学校的院系调整;同时,打好普通教育的基础,整顿巩固中小学,积极做好扫盲工作;注重提高教学质量,给学生以"智、德、体、美"的全面教育。到1956年,全国高等学校发展到194所,在校学生由1952年的19.1万人上升到40.3万人;各类中等学校在校学生由1952年的441.7万人上升到763.3万人。普通中小学教育、成人教育和工农群众的业余文化教育事业也都有了很大的发展。

　　科学工作方面,中共中央强调:我国科学基础薄弱,而科学研究干部的成长和科学研究经验的积累,都需要相当长的时期,必

1956年中国科学院学部成立

须发奋努力急起直追，否则就会由于科学落后而阻碍国家建设事业的发展；科学家是国家和社会的宝贵财富，必须重视和尊敬他们，争取和团结一切科学家为人民服务；大力培养新生的科研力量，扩大科学研究工作的队伍，是发展我国科学研究事业的重要环节。1954年中国科学院成为国务院领导下的国家最高学术机关之后，实行组织形式的调整，于1955年成立了数理化学、生物学地学、技术科学、哲学社会科学四个学科性的学部，逐渐形成全国科学研究体系，为全面发展科学事业，制定科学长远规划奠定了基础。

在推动文化建设高潮的同时，党在思想文化领域领导进行了宣传历史唯物主义、反对资产阶级唯心主义思想的斗争。继1951年批判电影《武训传》后，1954年至1955年，在毛泽东的支持下，先后进行了对古典文学名著《红楼梦》研究中唯心观点的批判，在整个文学艺术界，直到哲学、历史学、教育学、政治学、心理学等诸多领域对胡适派唯心论思想的批判，对胡风文艺思想的批判等等。由于过分强调思想文化领域的阶级斗争，对胡风文艺思想的批判，后来演变为揭露"胡风反革命集团"的斗争，胡风本人被逮捕遭长期监禁，同他有联系的一批文艺工作者也被株连受到不公正处理，造成错案，直到党的十一届三中全会后的80年代才得到全面平反。

为了给我国开始的大规模经济建设创造良好的国际和平环境，朝鲜战争结束后，中国政府在外交方面展开了积极的活动和斗争。1954年4月，美、苏、英、法、中及其他有关国家在日内瓦召开外长会议，讨论朝鲜问题和印度支那问题。这是中华人民共和国首次以五大国之一的地位和身份参加讨论重大国际问题，也是第一次尝试通过大型国

日内瓦会议

际会议和平解决国际争端。会议期间，周恩来率领的中国代表团展开了积极的外交活动。虽然由于美国的阻挠，会议未能就政治解决朝鲜问题达成协议，但达成了恢复印度支那和平协议，迫使法国从印度支那三国撤军。通过这次会议，中国巩固了南部边陲的安全，扩大了国际和平统一战线，为国内建设创造了有利的周边环境。

1953 年 12 月 31 日，周恩来在北京接见印度谈判代表团时，首次系统地提出了和平共处五项原则，其内容是：互相尊重主权和领土完整、互不侵犯、互不干涉内政、平等互利、和平共处。1954 年 6 月，周恩来分别与印度和缅甸两国总理发表联合声明，一致同意以和平共处五项原则作为指导相互关系的基本原则，并倡议将和平共处五项原则作为处理国际关系的准则，在世界上产生了广泛而深远的影响。

1955 年 4 月 18 日，有共同遭遇的亚非 29 个国家的政府首脑第一次在印度尼西亚万隆举行大型国际性会议（即亚非会议，也称万隆会

和平共处五项原则

议）。周恩来率领中国代表团出席了会议。面对帝国主义对会议的破坏阴谋以及与会各国之间矛盾分歧错综复杂的情况，周恩来鲜明地提出"求同存异"方针，为大会的圆满成功作出了巨大贡献。通过万隆会议，中国打开了与亚非国家广泛交往的大门。

亚非会议后，中国迎来以亚非拉美新兴民族国家为主要对象的第二次建交高潮，尼泊尔、埃及、叙利亚、也门、锡兰、柬埔寨、伊拉克、阿尔及利亚、苏丹和几内亚等一批国家相继与中国建交。

三大改造

1953 年，伴随大规模经济建设的展开，国家对农业、手工业和资本主义工商业的社会主义改造，也迈开了步伐。

在农业社会主义改造方面，中共中央于 1951 年 9 月制定了《关于农业生产互助合作的决议（草案）》。决议草案提出要重视农民在土地改革基础上发扬起来的个体经济和劳动互助两种生产积极性；批评了农业互助合作问题上存在的消极态度和急躁态度这两种错误倾向，要求根据生产发展的需要和可能，引导个体农民沿着互助合作的道路前进。这个决议草案经过一年多的试行，于 1953 年 2 月由中共中央作为正式决议下达。

由于工业建设的全面铺开，从 1952 年下半年起，全国粮食购销开始呈现出紧张形势。1953 年，粮食紧张情况有增无减，哄抬物价的风潮随时可能发生。面对这种严峻情况，1953 年 10 月，中共中央紧急作出一项重大决策：计划收购，计划供应，由国家严格控制粮食市场和中央对粮食实行统一管理（即"统购统销"）。11 月，政务院下达《关于实行粮食的计划收购和计划供应的命令》。统购统销政策的实行，很快缓解了粮食供求紧张的矛盾，但不能根本改变农业生产落后于工业发展的状况。中央认为，解决粮食紧张的根本出路在于依靠农业合作化并在此基础上适当进行技术改革。

为进一步推动农业合作化运动的发展，1953年12月中央又公布了《关于发展农业生产合作社的决议》，把逐步实行农业合作化作为农村工作中最根本的任务，要求把发展初级社作为领导互助合作运动继续前进的重要环节。1954年年底，全国互助组增加到近1000万个，初级社增加到48万个，参加互助合作的农户增加到7000万户，占全国农户总数的60.3%。

粮食统购统销以后，跟着实行油料的统购和食油的统销，1954年又实行棉花的统购和棉布的统购统销。统购统销政策与农业互助合作相互联系、相互促进，实际上使国家掌握了私营工商业的原料供给和销售市场，从而直接推动了对资本主义工商业的社会主义改造进程。

1953年6月，中央确定经过国家资本主义改造资本主义工商业的方针。在1953年年底以前，以加工订货、经销代销为主的初级国家资本主义形式，在私营工商业中已有较大发展。随着粮棉油统购统销制

度的实行，从 1954 年起，国家转入重点发展公私合营这种高级形式的国家资本主义。私营工商业由国家资本主义的低级形式向高级形式的发展，事实上也就是逐步改造其生产关系，使企业逐步走向社会主义的过程。1954 年到 1955 年，扩展公私合营的工作取得很大进展，公私合营企业数量不断增加。1954 年 12 月，中央提出统筹兼顾、归口安排、按行业改造的方针。1955 年，北京、上海、天津等地一部分行业先后实行了全行业公私合营。

1955 年夏季以后，围绕农业合作化速度问题，中央领导层发生了一场严重的争论。在此之前，整个社会主义改造总的来说是按计划、有步骤地稳步前进的，争论之后，社会主义改造的步伐猛烈地加快了。7 月 31 日至 8 月 1 日，省、区、市党委书记会议在北京举行，毛泽东在会上作了《关于农业合作化问题》的报告。报告严厉批评了邓子恢和他领导的中央农村工作部的所谓"右的错误"，认为"在全国农村中，新的社会主义群众运动的高潮就要到来"，而我们的某些同志却落后于群众，"像一个小脚女人，东摇西摆地在那里走路"，对合作化运动有"过多的评头品足，不适当的埋怨，无穷的忧虑，数不尽的清规和戒律"，这是"错误的方针"。报告强调农村中"将出现一个全国性的社会主义改造的高潮"，为此，必须实行"全面规划，加强领导"的方针。这次会议定下了加快农业合作化步伐的基调，助长了在农业合作化问题上的急躁冒进情绪，成为农业社会主义改造进程的一个转折点。

同年 10 月，中共七届六中全会（扩大）在北京举行。全会根据毛泽东《关于农业合作化问题》的报告，讨论和通过了《关于农业合作化问题的决议》。《决议》把邓子恢和中央农村工作部的"错误"性质进一步升级，确定为"右倾机会主义"；并对不同地区规定了合作化的进度，绝大部分地区都规定了很高的指标。六中全会结束后，各地再次修订加快合作化步伐的规划，使合作化运动形成异常迅猛的发展浪潮。到 12 月下旬，全国已有 60% 以上的农户加入了合作社。这时，毛泽东主持编选的《中国农村的社会主义高潮》一书出版。他为这本书写了序言和 104 条按语，主导思想是"批右"，不仅对合作化运动中的所谓"右倾机会主义"给予更尖锐的批评，而且认为在其他许多方面的工作中也有"右倾保守思想"在"作怪"。由于激烈批判"右倾"所形成的政治压力，以及一再提出超前的发展计划，农业合作化运动像海啸一般席卷中国大地。

1956 年 1 月，入社农户由上年 6 月占全国总农户的 14.2%，猛增到 80.3%，基本上实现了初级社化。6 月，毛泽东以国家主席名义公布《高级农业生产合作社示范章程》，刚刚建立的初级社随之向高级社转变，各地并社升级的浪潮愈发不可遏制，许多单干农民直接参加高级社，被喻为"一步登天"。到 1956 年年底，加入合作社的农户已达全国总农户的 96.3%，其中入高级社的农户占 87.8%。在短短几个月的群众运动高潮中，骤然完成由半社会主义合作社到全社会主义合作社的转变，全国基本上实现了高级社化。

在农业合作化运动迅猛发展的推动下，资本主义工商业全行业公私合营的浪潮也很快席卷全国。1956 年 1 月底，全国五十多个大中城市相继宣布实现全市的全行业公私合营；当年年底，全国私营工业户数的 99%，私营商业户数的 82.2%，分别纳入了公私合营或合作社的轨道。原定用三个五年计划基本完成资本主义工商业社会主义改造的计划一再提前，结果在 1956 年内就实现了。

手工业的合作化，在总路线提出以后采取"积极领导、稳步前进"的方针。组织形式是手工业生产合作小组、手工业供销合作社和手工业生产合作社，步骤是从供销入手，由小到大，由低到高，逐步实行社会主义改造和生产改造。农业合作化的猛烈发展，也影响了手工业的合作化速度。1955 年底中央提出要求：在两年内基本完成手工业合作化。实际上，到 1956 年底，参加合作社的手工业人员已占全体手工业人员的 91.7%。

由于在指导思想上急于求成，1955 年夏季以后的社会主义改造出现了要求过急，改变过快，工作过于粗糙，组织形式过于单一等偏差。中央针对这些问题采取了一些补救措施，提出"大部不变、小部调整"的方针，要求纠正公私合营的面过宽、合并改组过多；手工业盲目集中生产、统一经营；农业合作社并社升级过快、入社的生产资料作价不合理等缺点，使改造高潮中的紊乱状况得到一定程度的缓解。

1956 年，社会主义改造的基本完成，在中国实现了生产资料所有制的深刻变革。农民、手工业者个人所有的小私有制，基本上转变为

农业

劳动群众集体所有制；资本家所有的资本主义私有制，基本上转变为国家所有制即全民所有制。在整个国民经济中，全民所有制和劳动群众集体所有制这两种社会主义公有制形式，已占居绝对优势地位。尽管改造后期实际工作中出现了一些偏差，但从改造的方向和全过程来看，基本上是符合我国工业化初期经济发展的客观需要的，在我国实现对农业、手工业、资本主义工商业的社会主义改造，可以说是一件有伟大历史意义的事情。

伴随着社会主义经济基础的建立，我国人民民主专政的国家制度

也逐步健全起来。社会主义改造在新的基础上巩固了工农联盟以及工人阶级同其他劳动人民的联盟。普选的人民代表大会制在全国的实行，共产党领导的多党合作的政治协商制度的发展，为进一步建立

手工业

健全社会主义民主与法制开辟了道路。以社会主义工业化建设为中心，国家在科学、教育、文化和国防建设等方面都取得显著的成绩。马克思主义在意识形态领域指导地位的确立，促使社会主义的思想意识和社会道德规范在人民中间逐渐树立起来。鉴于此，中国共产党在1956年确认：社会主义的制度在我国已经基本建立起来了。社会主义基本制度的建立，为我国今后的一切进步和发展奠定了最重要的基础。

从社会历史发展的进程看，我国在1956年只是进入了很不成熟的社会主义，即社会主义初级阶段的开始。中国还要经历一个继续实现国家工业化和生产的商品化、社会化、现代化的相当长的历史阶段，即社会主义初级阶段，才能把我国建设成为伟大的社会主义强国。在这个长的历史过程中，还会有原来根本没有遇到过的艰难和曲折，还需要党和人民付出巨大的努力。

良好开端
1956.4—1957.2

1956.4.25
毛泽东在中央政治局扩大会议上作《论十大关系》的报告。

1956.9.15-27
中共八大召开。

1957.2
毛泽东发表《关于正确处理人民内部矛盾的问题》的讲话。

1957 年底
第一个五年计划的各项指标都大幅度地超额完成，取得令人瞩目的成就。

全面调整
1958—1962.2.7

1958.5.5
中共八大二次会议召开

1959
党中央开始摘掉右派帽子的工作，到 1962 年大部分被划为右派分子的人都已摘去帽子。

1960
纠正「共产风」彻底清理「一平二调」。

1961
中央提出并实施「调整、巩固、充实、提高」八字方针。

1962.1.11-2.7
党中央召开「七千人大会」。

两个趋向
1962—1965

1962
七八月间，党中央在北戴河召开工作会议，讨论阶级斗争问题。

1964.12-1965.1
中央政治局召开工作会议，讨论社会主义教育运动中出现的问题，制定了一个解决问题的文件，即「二十三条」。

1965
国民经济调整任务全面完成。

1956

第三章

艰辛探索

1965

1956 年，党领导人民开始了大规模的社会主义建设和对中国建设道路的探索。1958 年，党的八大二次会议通过多快好省、力争上游的建设社会主义的总路线，随后轻率地发动了"大跃进"运动和农村人民公社化运动。1961 年，党开始纠正农村工作中的"左"倾错误，并决定对国民经济实行"调整、巩固、充实、提高"。从 1962 年到 1966 年国民经济得到顺利恢复和发展。这期间，我国初步建立起独立的比较完整的工业体系，党积累了领导社会主义建设的重要经验。

良好开端

中国是在国际形势发生重大变化的情况下进入社会主义初级阶段的。

在 1956 年 2 月召开的苏联共产党第二十次代表大会上，赫鲁晓夫作了题为《关于个人崇拜及其后果》的秘密报告，尖锐地揭露了斯大林在领导苏联社会主义建设中的严重错误。这个报告在社会主义阵营和国际共产主义运动内部引起极大震动。

中共中央政治局、书记处多次开会研究苏共二十大及其影响，并将讨论结果以《人民日报》编辑部的名义发表《关于无产阶级专政的历史经验》的文章。毛泽东指出，赫鲁晓夫的报告一是揭了盖子，二是捅了娄子。它一方面表明苏联、苏共、斯大林并不都是一切正确，这就破除了迷信，不要再硬搬苏联的一切了，有利于反对教条主义；另一方面报告无论在内容上和方法上都有严重错误。

在批评苏共领导全盘否定斯大林的错误，肯定斯大林"功大于过"的同时，毛泽东着重指出，对于苏共二十大，重要的问题在于我们从中得到什么教益。最重要的是要独立思考，把马克思主义的基本原理同中国革命和建设的具体实际相结合。民主革命时期我们在吃了大亏之后才成功地实现了这种结合，取得了中国新民主主义革命的胜利。现在是社会主义革命和建设时期，我们要进行第二次结合，找出在中国怎样建设社会主义的道路。

　　就在这一年，中国共产党开始了对中国自己建设社会主义道路的探索。1956 年 2 月中旬至 4 月下旬，毛泽东等中央领导人分别听取党中央和国务院 34 个部门关于工业生产和整个经济工作的汇报。4 月 25 日，毛泽东在中央政治局扩大会议上作《论十大关系》的报告，经过讨论后得到政治局的赞同。5 月 2 日他又在最高国务会议上作报告。报告提出了一个基本方针，即把国内外一切积极因素调动起来，为社会主义事业服务。它所论述的十大问题（即十大关系），一方面是从总结我国经验、研究我国的实践提出来的；另一方面，是借鉴苏联的经验教训提出来的。鉴于苏联忽视农业、轻工业，片面注重重工业，造成农、轻、重发展不平衡的教训，报告提出今后我国应该适当调整，更多地发展农业、轻工业，更多地利用和发展沿海工业，降低军政费用的比重，多搞经济建设。报告还论述了国家、生产单位和生产者个人的关系，中央和地方的关系，开始涉及经济体制的改革。报告同时阐述了汉族和少数民族、党和非党、革命和反革命及中国和外国等方面的关系。这样就初步提出了中国社会主义经济、政治建设的若干新方针。

　　这一年 1 月，党中央还召开了关于知识分子问题会议，周恩来代表党中央肯定我国知识界的面貌已经发生根本改变，绝大部分已经成为工人阶级的一部分。会议分析世界科学技术发展的形势，号召全党努力学习科学技术知识，提出了"向现代科学进军"的任务。中央政治局扩大会议在讨论《论十大关系》报告时，又针对我国科学文化领域受苏联学术批评中粗暴作风和教条主义的影响，把毛泽东提出的"百花齐放，百家争鸣"作为发展科学和文化的基本方针。党在知识分子问题和发展科学文化上作出的这些决策，初步提出了中国社会主义

"双百方针"下的文学

文化建设的若干新方针。

在前一阶段探索的基础上，9月15日至27日，党召开了第八次全国代表大会。大会正确分析了国内形势和国内主要矛盾的变化，强调在社会主义改造基本完成的情况下，国家的主要任务是在新的生产关系下保护和发展生产力，全党要集中力量发展生产力。大会确定了经济、政治、文化、外交和党的建设等方面的方针。在党的建设方面，强调坚持集体领导原则，健全党的民主集中制，发展党内民主，反对个人崇拜。大会选出了新的中央委员会，随后又选出了新的中央领导机构。毛泽东为中央委员会主席，刘少奇、周恩来、朱德、陈云为副主席，邓小平为总书记。毛泽东会前就提出准备适当时候不再当党的主席，可以当名誉主席，还提出他不再担任下一届国家主席，并建议修改宪法，规定国家主席、副主席连选只得连任一届。这是酝酿废除

中共八大会址

领导职务终身制的很有意义的一个设想。

八大之后，党沿着八大确定的正确方向继续探索。这主要集中在两个问题上：一个是按照八大的方针，调整若干方面的经济关系和编制1957年建设计划；一个是准备全党整风，正确处理日渐突出的人民内部矛盾。

按照"三个主体，三个补充"的方针，八大以后调整经济关系有了初步进展，并产生了一些新思路。1956年秋冬，自由市场渐又活跃，个体工商户明显增长，其中还出现了较大的手工业和手工工场，人们称之为"地下工厂"，也出现了"地下商店"。对社会主义改造后出现的这种情况，党中央领导人提出了十分开明的主张。1956年12月毛泽东同全国工商联负责人和中央统战部负责人谈话，认为地下工厂要使它成为地上、合法化。只要有市场、有原料，这样的工厂还可以增加。毛泽东甚至说，可以消灭了资本主义，又搞资本主义。刘少奇、周恩来等也表示，在社会主义建设中搞一点私营的，活一点有好处。同八大相比，这些思路又有新的发展，即不仅允许一定数量的个体经营作为补充，而且允许一定限度的私人资本主义经营存在和发展，使之在国家领导下作为社会主义经济主体的补充。

党中央还开始酝酿经济管理体制的改革。1956 年 10 月，中共中央、国务院发出有关改进国家行政体制的文件草案，要求各地讨论。以陈云为组长的中央经济工作小组，着手拟定这一方面改革的方案。这一改革的主要精神是改变权力过多集中于中央而地方和企业权力太少的状况，重新划分中央、地方和企业的权限，下放一部分权力给地方和企业。中央设想的改革涉及计划、财政、基本建设到工业、运输、邮电等十八个方面，先从工业、商业、财政三个方面展开。1957 年 9 月，党的八届三中全会通过改进工业、商业、财政管理体制的规定。这三个文件是对党的八大关于经济体制改革思想的具体化。

八大以后，党在指导编制第二个五年计划的过程中，坚持八大肯定的既反保守又反冒进的经济建设方针，注意继续解决前一阶段得到初步遏制的急躁冒进问题。在 1956 年 11 月召开的党的八届二中全会上，刘少奇、周恩来等强调应当把工业建设的速度放在稳妥可靠的基础上，1957 年的计划应当是在继续前进的基础上"保证重点，适当收缩"。在这个方针指导下，陈云主持制定 1957 年国民经济计划，压缩了基本建设投资规模。经过全党和全国人民的努力，到 1957 年底，第一个五年计划的各项指标都大幅度地超额完成，取得令人瞩目的成就。

党在探索经济体制改革和经济建设方针的同时，根据八大的精神，针对党内存在的主观主义、官僚主义和宗派主义的思想作风，准备全党整风。

1956 年 6 月和 10 月，波兰、匈牙利先后发生罢工、游行示威和骚乱。这年秋冬，中国国内也出现一些不安定的情况。一些地方发生罢工、请愿事件。在农村，夏收以后不少地方发生闹粮食、闹退社的风潮。知识界在"百花齐放、百家争鸣"方针提出后，思想日趋活跃，在政治、经济、文化、科学、教育等问题上发表各种意见，其中不少意见相当尖锐。

党中央和毛泽东认为，在波兰和匈牙利，一方面已经出现否定苏联和十月革命的倾向，另一方面，官僚主义、脱离群众、照搬苏联经验、阶级斗争不彻底等错误的恶果也逐渐表露出来。对国内闹事，党中央和毛泽东着重从领导方面分析，指出其发生是由于领导上存在官僚主义和主观主义，政治或经济的政策上犯了错误，还有工作方法不对。这表明，党试图以波匈事件为鉴，从整顿党的作风入手，克服主观主义、官僚主义和宗派主义，正确处理人民内部矛盾，以缓和党和人民群众间的某些紧张状态。

1957年2月，毛泽东在最高国务会议第十一次（扩大）会议上发表《关于正确处理人民内部矛盾的问题》的讲话。他特别分析了社会主义社会存在着敌我之间和人民内部两类性质根本不同的矛盾，指出前者需要用强制的、专政的方法去解决，后者只能用民主的、说服教育的、"团结——批评——团结"的方法去解决，决不能用解决敌我矛盾的方法去解决人民内部的矛盾。这表明党把正确处理人民内部矛盾作为国家政治生活的主题，并且从理论上提出了社会主义社会矛盾的新学说。这个学说发展了马克思主义的科学社会主义理论，是党和毛泽东探索社会主义政治建设的一个重要的理论和思想成果。

从1956年到1957年春，党对中国自己的建设社会主义道路作了多方面探索。这些探索虽然是初步的，但却是整个探索过程的一个良好开端。

全面调整

在 1958 年发动的"大跃进"和"人民公社化运动"中,"左"的错误愈演愈烈,给我国经济带来严重困难局面;这使全党和中央逐步清醒起来,决心认真调查研究,纠正错误,调整政策。1961 年 1 月,党中央召开八届九中全会,正式决定从 1961 年起对国民经济实行"调整、巩固、充实、提高"的八字方针。

政策的调整首先从农村开始。还在八届九中全会前,1960 年 11 月,党中央就发出了关于人民公社当前政策问题的紧急指示信,要求全党用最大努力来纠正"共产风",重申彻底清理"一平二调",坚决退赔,加强生产队的基本所有制,实行生产小队的小部分所有制,允许社员经营少量自留地和小规模家庭副业,恢复农村集市。八届九中全会上,毛泽东号召大兴调查研究之风,使 1961 年成为实事求是年、调查研究年。会后,毛泽东、刘少奇、周恩来、朱德、陈云、邓小平等中央领导人带头到地方搞调查研究。各地方和各部门的负责人也纷纷下去搞调查。针对调查中反映出来的最突出的平均主义问题,党中央先后于1961 年 3 月和 5 月在广州和北京召开工作会议。毛泽东主持制定了《农村人民公社工作条例(草案)》,即"农业六十条"。文件规定,人民公社各级规模不宜过大,以避免在分配上将经济水平不同的社队拉平。党中央将"农业六十条"发给全体农村社员讨论,得到广大基层干部和社员群众的热烈拥护。党中央在充分调查研究的基础上，根据群众要求还取消了公共食堂和供给制，明确将生产队作为人民公社的基本核算单位。"农业六十条"虽然维护了人民公社的框架，但是纠正了公社化以来农村实际工作中的若干突出的错误，解决了当时群众意见最大最紧迫的问题，对于重新调动农民群众的积极性、恢复农业生产发挥了积极作用。

当时粮食供应紧张是城乡经济生活中最为突出的矛盾。党中央采取压缩城镇人口、减少城镇粮食销量的紧急措施，动员城镇人员到农村安置。广大干部、职工和城镇居民顾全大局，体谅国家困难，听从政府安排，纷纷返乡或下乡。到年底，职工比年初减少 820 万，城镇人口减少 1000 万左右。

八届九中全会后，党中央还对工业进行了调整。工业调整不仅在计划指标方面，而且在企业秩序方面。针对"大跃进"给企业管理带来的许多混乱现象，党中央制定了《国营工业企业工作条例（草案）》，即"工业七十条"。这个文件不仅恢复了在"大跃进"中被废弛和搞乱了的企业规章制度，而且建立健全了一些以前不曾建立的制度。"工业七十条"的贯彻执行，使企业出现一些新气象。

同经济工作相配合，文化工作的各个领域也开始进行调整。这方面的调整是从制定科学、教育、文艺等方面的工作条例着手的。1961年到 1962 年春，在党中央领导下，中央有关部门分别制定出"科学十四条""高教六十条""文艺八条"等条例。这些条例总结新中国成立以来特别是"大跃进"以来的经验教训，调整党同知识分子的关系，贯彻落实科学和文化工作中的"百花齐放，百家争鸣"的方针，规定必须保证科研工作的稳定性，学校以教学为主，文艺为政治服务不能理解得过于狭窄。这些条例的贯彻执行，使党同知识分子的紧张关系得到缓解，工作秩序得到恢复，大多数知识分子心情较为舒畅，工作热情重新焕发出来。

经过一年多的调整，三年"大跃进"造成的严重经济困难的局面开始有了转变。1962年1月11日至2月7日，党中央在北京召开扩大的中央工作会议，进一步总结1958年"大跃进"以来的经验教训，统一和提高全党的认识，增强团结，动员全党更坚决地执行调整方针，为战胜严重困难而奋斗。参加这次工作会议的有七千余人，通常称"七千人大会"。

刘少奇代表中央作了书面报告和讲话，比较系统地初步总结了"大跃进"以来经济建设工作的基本经验教训，分析了近几年产生缺点错误的原因。刘少奇特别指出，过去我们经常把缺点错误和成绩，比作一个指头和九个指头的关系，现在恐怕不能到处这样套。从全国讲，恐怕是三个指头和七个指头的关系。有些地区，缺点错误还不只是三个指头，也可能是七个指头。由于工作中的错误，有的地方是"三分天灾，七分人祸"。关于"三面红旗"，我们现在都不取消，继续保持，继续为"三面红旗"而奋斗。现在，有些问题还看得不那么清楚。但是经过五年、十年以后，再来总结经验，那时就可以进一步地作出结论。

中央几位主要领导人在会上讲了话。1月30日，毛泽东在大会上发表讲话，中心是讲民主集中制，强调不论党内党外都要有充分的民主生活，让群众讲话，并作了自我批评。他还强调，在社会主义建设上，我们还有很大的盲目性。社会主义经济对我们来说，还有许多未被认识的必然王国。今后要下苦工夫调查它，研究它，在实践中逐步地加深对它的认识，弄清楚它的规律。邓小平、周恩来在大会上讲话，分别代表中央书记处和国务院作了自我批评。

中央领导人带头认真总结几年来的经验教训，尤其是带头对几年来发生的问题作自我批评，使与会者解除了不少顾虑，勇于当面提出批评意见。一些省的分组讨论中，与会者面对面地向省委主要负责人提出了尖锐的批评，畅所欲言，直抒己见；而不少被批评者也坦诚接受，恳切道歉，真诚作自我批评，一时间洋溢着几年来少见的宽松气氛。

七千人大会取得了在当时的历史条件下所能取得的重要成果。会议发扬党内民主，实质上是党内关系的一次调整。七千人大会后，经济的调整和政治关系的调整都有新的进展，在某些方面还从上到下进行了大胆探索。

七千人大会估计，经济上最困难的时期已经度过。会后党中央首先从财政赤字和通货膨胀方面发现对困难仍然估计不足。1962年2月和5月，中央政治局常委两次召开扩大会议，认为现在处于"非常时期"，如不采取果断措施，国民经济将进一步恶化。陈云讲了系统的意见，主张国民经济安排一个恢复阶段，从1960年算起大约要五年。他提出恢复阶段的任务是克服困难，恢复农业，恢复工业，争取财政经济状况的根本好转，还要大规模减少城市人口，争取一切办法制止通货膨胀。陈云的意见得到党中央赞同。

在实行调整的岁月里，虽然面临严重困难，但是领袖和人民、干部与群众休戚与共。毛泽东、刘少奇、周恩来等领导人以身作则，节衣缩食。经过全国人民的艰苦奋斗，调整工作到1962年底取得明显成效，农业生产开始回升，粮食总产量和农业总产值均比上年增加，结束了连续三年下降的局面。当年财政收支平衡，并有结余，结束了连续四年赤字的状况。市场商品供应方面有所缓和，城乡人民生活开始略有上升。

随着国民经济调整的深入，党对知识分子政策作了进一步调整。1962年二三月间，在全国科技工作会议和全国话剧、歌剧、儿童剧创作座谈会上，周恩来毅然从实质上恢复了1956年知识分子会议上党对我国知识分子状况所作的基本估计，肯定知识分子的大多数已经属于劳动人民的知识分子。陈毅讲话宣布给广大知识分子"脱帽加冕"。随后周恩来又在全国二届人大三次会议作政府工作报告，重申了这一论断。这一报告是经党中央批准的。广大知识分子感到心情更加舒畅。

党中央对在政治运动当中受到伤害的党外人士进行了甄别平反，并接续1959年就已开始的摘掉右派帽子的工作，到1962年大部分被划为右派分子的人都已摘去帽子。七千人大会后，党中央加快对几年来在"反右倾"运动中受过批判和处分的党员、干部的甄别平反工作，对全国县以下的干部来一个一揽子解决，对过去搞错了的干部统统平反，除个别有严重问题外，都不留"尾巴"。到1962年8月，全国有

1959年成功研制中国第一台大型快速通用数字电子计算机

600 多万党员、干部和群众得到平反。

在调整经济、克服困难的过程中，人民群众自身也寻找多种途径渡过难关。其中最为突出的是农业生产责任制的出现和推行。1961 年，安徽省委主张对这种责任制加以支持和引导，在保证土地等生产资料集体所有和生产计划等几个"统一"的条件下，实行"定产到田，责任到人"的制度。除了安徽以外，甘肃、浙江、四川、广西、福建、贵州、广东、湖南、河北、辽宁、吉林、黑龙江等省区也都实行了各种形式的生产责任制。凡是实行了包产到户的地方，效果大都较好，很受基层干部和群众拥护。

两个趋向

经过七千人大会后半年多时间的进一步调整，国内形势逐步好转。但是党的指导思想的"左"倾错误并没有从根本上纠正，对形势和政策的许多看法在党内尤其是党的领导层中实际上还存在分歧。在严重的困难面前，这些矛盾和分歧暂时潜伏下来。形势逐步好转以后，随着国内政策调整的进一步深入，再加上当时中苏争论的进一步激化，以及与部分周边国家和地区的紧张关系加剧，党内对形势估量和工作指导上的分歧又逐渐发展起来。党对中国自己的建设社会主义道路探索的进程，又发生了新的波折。

1962年七八月间党中央在北戴河召开工作会议。会议原定议题是讨论农业、粮食、商业和工业支援农业等问题。会议一开始，毛泽东就提出阶级、形势、矛盾问题，于是会议的重点就转为讨论阶级斗争问题。9月，党中央又召开八届十中全会。这两次会议上，毛泽东多次讲话，他把党内一些认识上的分歧，当作阶级斗争的反映，把他所不同意而实际上是符合客观实际情况的一些意见，看成是右倾机会主义即修正主义的表现，把当时对严重困难形势的冷静估计和把困难估计不够的要求斥为"黑暗风"，把当时各地出现的"包产到户"和党内邓子恢等人对"包产到户"的支持斥为"单干风"，把彭德怀对批判他"里通外国"的申诉斥为"翻案风"。毛泽东联系对苏联赫鲁晓夫观点的批评和对国内形势的观察，反复地提出阶级、矛盾和阶级斗争问题，强调无产阶级和资产阶级之间的阶级斗争，社会主义和资本主义这两条道路的斗争，存在于由资本主义过渡到共产主义的整个历史时期，阶级斗争和资本主义复辟的危险性问题，我们从现在起，必须年年讲、月月讲。八届十中全会上，毛泽东把社会主义社会中一定范围内存在的阶级斗争扩大化和绝对化，发展了他在1957年反右派斗争以后提出的无产阶级同资产阶级的矛盾仍然是我国社会的主要矛盾的观点。这标志着在阶级斗争问题上的"左"的观点进一步系统化，为党在这个问题上"左"倾错误的再度发展，作了理论准备。会议按照毛泽东对形势的估计和定下的基调，错误地开展了对所谓"黑暗风""单干风"和"翻案风"的批判。

八届十中全会后，1963年2月党中央在北京召开工作会议，决定在全国城乡发动一次普遍的社会主义教育运动，开展大规模的阶级斗争。5月，毛泽东在杭州召开会议，讨论和制定了《关于目前农村工作中若干问题的决定（草案）》。这个决定草案共十条，它与同年9月中央工作会议制定的《关于农村社会主义教育运动中一些具体政策的规定（草案）》（内容亦有十条），后来被分别简称为"前十条"和"后十条"。"前十条"对我国国内政治形势作了过分严重的估计，认为我国已经出现严重的尖锐的阶级斗争的情况。"后十条"在充分肯定"前十条"关于阶级斗争形势和社教运动性质的论断的基础上，进一步提出了运动要"以阶级斗争为纲"的方针。此后，社教运动经过试点，在全国较大范围内开展起来。

1964年五六月间，毛泽东、刘少奇对整个国内政治形势作出了更为严重的估计，认为全国有三分之一左右的基层单位，领导权不在我们手里，而在敌人和它的同盟者手里，要求从反修防修和防止世界大战的总体战略来部署工作。9月中旬，"后十条"修正草案正式下发。"后十条"修正草案对形势作了更加不符合当时我国实际情况的严重估计，认为阶级敌人拉拢腐蚀干部，"建立反革命的两面政权"，是"敌人反对我们的主要形式"；认为"这次运动，是一次比土地改革运动更为广泛、更为复杂、更为深刻的大规模的群众运动"；规定"整个运动都由工作队领导"，这就把基层组织和基层干部撇在了一边。这是导致社教运动扩大打击面的一个严重步骤。"后十条"修正草案的下发，以及在此前后党中央采取的一系列重大措施，使1964年下半年社教运动的"左"倾错误得到迅速和严重的发展。到1964年下半年，城乡社会主义教育运动严重地混淆两类不同性质的矛盾，打击了许多干部和群众，在相当大的范围内造成了日益紧张的气氛。

1964年12月15日至1965年1月14日，中央政治局在北京召开工作会议，讨论社会主义教育运动中出现的问题，制定一个解决这些问题的文件。会议在讨论过程中，领导人之间发生意见分歧。刘少奇在会上说主要矛盾是"四清"与"四不清"的矛盾，运动的性质是人民内部矛盾跟敌我矛盾交织在一起。毛泽东则认为，不是什么"四清""四不清"的矛盾，也不是什么党内外矛盾或者敌我矛盾的交叉，性质是反社会主义，重点是整党内走资本主义道路的当权派。对刘少奇的不同意见，毛泽东十分生气，并不点名地进行多次尖锐批评。会议制定了《农村社会主义教育运动中目前提出的一些问题》，即"二十三条"。这个文件虽然肯定干部的大多数是好的或比较好的，要尽快解脱他们，但在指导思想上却更加发展了阶级斗争问题上"左"的错误理论。它不但片面强调社教运动的性质是解决社会主义和资本主义的矛盾，而且把解决无产阶级和资产阶级两个阶级的斗争、社会主义和资本主义两条道路的斗争，上升为十几年来党的一条基本理论和基本实践。特别是正式明确地规定运动的重点"是整党内那些走资本主义道路的当权派"。

随着社教运动"左"倾错误的日益发展和 1963 年中苏两党争论的日趋激烈,毛泽东认为中共党内也已经出现了修正主义。他把党中央一些部门负责人在调整过程中或更早一些时候提出的一些主张和建议,视作"修正主义的路线""修正主义的思想",并在 1963 年、1964 年同外国党领导人的谈话中,点名批评了党的一些部门的主要负责人。

1963 年以后,在文化教育和意识形态领域中也开展了一系列错误的、日益加剧的批判。1963 年 12 月 12 日,毛泽东在中宣部文艺处一个材料上批示,对文艺工作提出了更加严厉的批评,说:"各种艺术形式——戏剧、曲艺、音乐、美术、舞蹈、电影、诗和文学等等,问题不少,人数很多,社会主义改造在许多部门中,至今收效甚微。""许多共产党人热心提倡封建主义和资本主义的艺术,却不热心提倡社会主义的艺术,岂非咄咄怪事。"这一批示夸大了文艺界存在的问题,不符合文艺工作的实际情况。文艺界震动很大,形势骤然紧张。中宣部于 3 月下旬连续召集文联各协会党组成员及党员干部开会,决定在文联和各协会全体干部中开展整风学习。1964 年 6 月,毛泽东对文艺界整风报告又作了批示,说:"这些协会和他们所掌握的刊物的大多数(据说有少数几个好的),十五年来,基本上(不是一切人)不执行党的政策,做官当老爷,不去接近工农兵,不去反映社会主义的革命和建设。最近几年,竟然跌到了修正主义的边缘。如不认真改造,势必在将来的某一天,要变成像匈牙利裴多菲俱乐部那样的团体。"毛泽东对文艺的第二个批示,在文艺工作者中引起了更大震动。从 1964 年 7 月到 1965 年 4 月,文艺界开展了范围更大的整风,整风不但在文联及所属各协会进行,而且扩展至文化部及其直属单位。

在进行文艺界整风的同时，还发动了对一大批文艺作品及其作者的批判。这些在"左"倾思想指导下的批判，完全颠倒了文艺界的是非。当时受到批判的绝大多数作品，是调整以来文艺界创作的优秀的或比较优秀的成果。

从文艺界开始的错误批判，很快扩展到哲学社会科学各个领域。被批判的那些观点，本来是在学术研究过程中提出来的，应当而且可以在正常的气氛中进行讨论，但在当时都被扣上"修正主义观点"或"反党反社会主义的政治问题"的帽子。这些被批判的代表人物，大都是文化、学术领域颇有影响的领导骨干或很有成就的专家、学者，他们遭批判后，或被撤销职务，或不能继续进行正常的工作。这种错误的过火的批判，在广大知识分子中造成草木皆兵、人人自危的紧张气氛，伤害了他们的积极性，破坏了党的"百花齐放，百家争鸣"方针的贯彻执行，给文化、科学、教育事业的发展带来了极大的消极影响。

八届十中全会之后，政治上的"左"倾错误进一步发展，但总体上还没有对经济调整工作产生重大干扰。中央一线的领导人的主要精力，还是集中于抓经济调整。全党上下仍然在贯彻调整国民经济的八字方针，努力恢复和发展生产。1962 年年底国民经济出现全面好转的形势后，一种忽视经济生活的严重问题依然存在，要求上基建、上速度的倾向再度抬头。1963 年 9 月党中央召开工作会议，冷静地指出了仍然存在的问题，认为农业生产还没有全面恢复到 1957 年的水平，整个工业和交通运输业特别是基础工业还很薄弱，在提高质量、增加品种、填平补齐、技术改造、设备更新等方面，还需要进行大量工作，许多企业的经营管理，还要花大力进行整顿，外债还没有全部偿还。会议决定从 1963 年起，再用三年时间，继续进行调整工作，作为第二个五年计划（1958—1962 年）到第三个五年计划（1966—1970 年）之间的过渡阶段。

到 1965 年，调整任务全面完成。全党和全国人民比较圆满地实现了 1963 年 9 月中央工作会议所提出的继续调整的目标。工农业总产值超过 1957 年的水平，工农业生产中农轻重的比例关系实现了在新的基础上的协调发展，国民经济生活中积累与消费的比例关系已基本恢复正常，财政收支平衡，市场稳定，虽然 1965 年全国人均粮食、食油、棉布的消费量仍略低于 1957 年，但由于整个经济恢复，国民收入的增长，人民生活水平仍有所改善。1965 年，我国提前还清全部外债。

1964 年 12 月 20 日至 1965 年 1 月 4 日，在三届全国人大一次会议上，周恩来宣布：调整国民经济的任务已经基本完成，工农业生产已经全面高涨，整个国民经济已经全面好转。周恩来提出从 1966 年开始执行第三个五年计划，全国人民要努力奋斗，把我国逐步建设成为一个具有现代农业、现代工业、现代国防和现代科学技术的社会主义强国。这是第一次在这样庄严的场合郑重地向全国人民提出实现四个现代化的任务。这个宏伟任务由于"文化大革命"的发生而未能按计划付诸实施。

1964 年第一颗原子弹爆炸成功

发动"文化大革命"
1966.5—1968.9

1968.9
「全民夺权」。

1967.2
「二月抗争」。

1966.5
中央政治局扩大会议通过《五·一六通知》，标志「文化大革命」正式发动。

林彪覆亡
1969.4—1971.9

1971.9.13
林彪外逃叛国，机毁人亡，葬身异域。

1970.8.23-9.6
九届二中全会召开，毛泽东《我的一点意见》发表。

1969.4
中共九大召开。

结束"文化大革命"
1973.8—1976.10

1976.10.6
党中央粉碎「四人帮」，「文化大革命」结束。

1976.9.9
毛泽东逝世。

1975
四届人大一次会议与邓小平主持中央工作。

1973.8.24-8.28
中共十大召开。

1971-1973
「批林批孔」与调整国民经济。

第四章
CHAPTER FOUR

"文化大革命"

从 1966 年 5 月到 1976 年 10 月，我国发生了历时十年之久的"文化大革命"。这是一场由领导者错误发动，被反革命集团利用，给党、国家和人民造成严重灾难的内乱。它使党和国家遭到新中国成立以后最严重的挫折和损失。科学认识这段历史，需要将"文革"的错误理论和实践同"文革"时期这段历史区别开来，广大干部群众和党内健康力量对极左思潮进行了各种形式的抵制和抗争，我国的建设事业仍在艰难地向前发展，外交工作也打开了新局面。1976 年 10 月，"四人帮"被粉碎，"文化大革命"宣告结束。

发动 "文化大革命"

从 1966 年 5 月到 1976 年 10 月，我国发生了历时十年之久的 "文化大革命"，使党、国家和人民遭到了中华人民共和国成立以来最严重的挫折和损失。

"文化大革命" 是从批判《海瑞罢官》开始点燃导火索的。1965 年 11 月 10 日，上海《文汇报》发表了姚文元的文章《评新编历史剧〈海瑞罢官〉》。这篇文章是由江青出面组织，整个写作活动是在秘密状态下进行的，除毛泽东外，其他政治局委员都不知道。由于这篇文章点名批判北京市副市长、明史专家吴晗，毫无根据地攻击他于 1960 年为响应毛泽东提倡海瑞精神而写的《海瑞罢官》一剧，这是 60 年代初期阶级斗争的反映，在北京主持中央工作的领导人采取慎重态度，北京各报刊在十多天内没有转载。这引起了毛泽东的不满，由此更加深了他对北京市委以至中央一些同志的怀疑，认为北京市委是一个 "针插不进，水泼不进" 的 "独立王国"。1965 年 12 月 21 日，毛泽东在杭州同陈伯达等谈话时说，《海瑞罢官》的 "要害问题是'罢官'"。此后，批判涉及的范围迅速扩大。

1966 年 2 月 3 日，中央政治局委员、书记处书记兼任北京市委第一书记的彭真召集 "文化革命五人小组" 开会，起草了《关于当前学术讨论的汇报提纲》(后被称为 "二月提纲")，试图对已经出现的 "左" 的倾向加以适当约束，不赞成把它变为严重的政治批判。提纲指出，讨论"要坚持实事求是，在真理面前人人平等的原则，要以理服人，不要像学阀一样武断和以势压人"。提纲反映了党内外相当多数同志对思想文化领域的批判运动所持的慎重态度。

就在"二月提纲"拟定的同时，2月2日至20日，江青在中央军委副主席、国防部长林彪的完全支持下，到上海召开部队文艺工作座谈会。会后整理了《林彪同志委托江青同志召开的部队文艺工作座谈会纪要》，经毛泽东修改后，于4月10日以中央文件的名义批发全党。纪要全盘否定30年代党所领导的进步文艺的积极作用，极力抹杀中华人民共和国成立以来文艺工作的成绩，认定文艺界"被一条与毛主席思想相对立的反党反社会主义的黑线专了我们的政"，号召要"坚决进行一场文化战线上的社会主义大革命"。"黑线专政论"的提出，为全盘否定中华人民共和国成立后十七年文艺工作的成绩，进而否定中央一线领导提供了理论依据。

在此期间，毛泽东主持召开一系列会议对彭真和中央书记处书记、国务院副总理、解放军总参谋长罗瑞卿，中宣部部长陆定一，中央办公厅主任杨尚昆进行批判。这些接连发生的事件在全党引起了巨大震动，似乎修正主义不只是出在文化领域，也出在党政部门、军事机关。党内弥漫着极度紧张的气氛。

1966年5月4日至26日召开的中央政治局扩大会议，是"文化大革命"正式发动的标志。这次会议以反党集团的罪名对彭真、陆定一、罗瑞卿、杨尚昆进行"揭发批判"，并正式解除他们的领导职务。会议通过的《五一六通知》对"二月提纲"进行了全面批判，提出"混进党里、政府里、军队里和各种文化界的资产阶级代表人物，是一批反革命的修正主义分子，一旦时机成熟，他们就会要夺取政权，由无产阶级专政变为资产阶级专政"。要求全党"高举无产阶级文化革命的大旗，彻底揭露那批反党反社会主义的所谓'学术权威'的资产阶级反动立场，彻底批判学术界、教育界、新闻界、文艺界、出版界的资产阶级反动思想，夺取在这些文化领域中的领导权"，"同时批判混进党里、政府里、军队里和文化领域的各界里的资产阶级代表人物，清洗这些人"。会议重新设立了实际上不受中央政治局约束的、"文化大革命"的指挥机构文化革命小组。

会议期间，江青、康生等人已将会议的某些内容散布到社会上去了。5月25日，北京大学聂元梓等人公开贴出大字报，把矛头指向北京大学党委和北京市委。5月31日，陈伯达带领工作组接管《人民日报》，次日发表《横扫一切牛鬼蛇神》的社论。不几日，北京市委被改组，北京大学被由北京市委派驻的工作组"代行党委的职权"。

这些非常措施在全国引起强烈反响。大中学校的学生纷纷成立"红卫兵"组织，起来"造修正主义的反"。基层党委首当其冲，普遍成为"造反"的目标。主持党中央工作的刘少奇、邓小平，为防止混乱局面扩大，决定派工作组到大、中学校领导"文化大革命"。各单位群众由于对"文化大革命"的理解和所持的态度不同，很快分成了"造反派"和"保守派"，并展开了激烈的斗争。各地工作组在领导运动的过程中，得到了多数群众的支持，却加剧了同造反派的对立。在如何领导运动的问题上，刘少奇、邓小平等中央领导人同"中央文革小组"之间的分歧也日趋尖锐。党内在工作组问题上发生的争论，实际上是对进行"文化大革命"的目的和方法的争论。毛泽东先是同意派工作组的，但"后来不赞成了"。根据毛泽东的意见，中央于7月28日决定撤销工作组。接着，工作组被指责为犯了方向、路线错误，派出工作组被认为"是站在资产阶级立场上，反对无产阶级革命"。

为了正式制定"文化大革命"的方针和措施，排除在党内遇到的"运动的阻力"，8月1日至12日，毛泽东主持召开八届十一中全会。会议期间，毛泽东写了《炮打司令部——我的一张大字报》，矛头直指刘少奇，点明了发动这次"大革命"的主要矛头所向。全会通过的《关于无产阶级文化大革命的决定》，对于运动的对象、依靠力量、方法等问题作出了错误的规定。参加会议的绝大多数同志缺乏必要的思想准备，会议的不正常气氛也使各项议程很难展开正常的讨论，从而正式确认了发动"文化大革命"的"左"倾错误方针。

　　八届十一中全会后，红卫兵组织迅速发展，形成席卷全国的红卫兵运动。红卫兵运动最初是破"四旧"（指所谓"剥削阶级的"旧思想、旧文化、旧风俗、旧习惯），随后发展为"炮打"当地党政领导机关的暴烈行为。在林彪和"中央文革小组"的肯定和赞扬下，打人、砸物、抄家之风愈演愈烈，各级领导机关普遍陷于瘫痪、半瘫痪状态，社会一片混乱。9月初，根据毛泽东倡议，红卫兵开始"大串联"。红卫兵的"大串联"，不仅使工农业生产受到直接影响，更使"怀疑一切""炮打一切"的极左思潮急剧扩散开来。

　　"文化大革命"表面上轰轰烈烈地发动起来了，但是，这场"大革命"在多数干部和工农群众中并没有得到支持。为了克服这种"阻力"，"批判资产阶级反动路线"的问题被提了出来。10月9日至28日，以批判"资产阶级反动路线"为主题的中央工作会议在北京召开。这次会议是继5月中央政治局扩大会议和8月十一中全会之后，对"文化大革命"进行的又一次发动。会上，陈伯达作了《无产阶级文化大革命中的两条路线》的报告。会后，全国掀起了批判"资产阶级反动路线"的浪潮，各级领导机关和负责人普遍受到"炮打"、批判。"文化大革命"前由于缺乏有效社会机制未能解决而积累下来的各种社会矛盾以畸形的状态表现出来，五花八门的群众"造反"组织扩展到社会的各个方面。由于林彪和"中央文革小组"的煽动，中央多次发布的关于工厂、农村开展"文化大革命"的限制性规定被打破，造反浪潮全面扩展到工农业领域。

在冲击各级领导干部的过程中，各地还出现了"抓叛徒"的活动。在康生等人的诬陷下，各地先后制造出"六十一人叛徒集团"案、"内蒙古人民革命党"案、"冀东叛徒集团"案、"'东北帮'叛党投敌反革命集团"案、"上海地下党"案、"广东地下党"案、"新疆叛徒集团"案等，大批久经考验的领导干部为此蒙垢受屈，以致身陷囹圄。

1967年元旦，《人民日报》《红旗》杂志社论提出，"一九六七年，将是全国全面展开阶级斗争的一年"，号召"向党内一小撮走资本主义道路的当权派和社会上的牛鬼蛇神，展开总攻击"。在张春桥、姚文元直接策划下，1月6日，上海市"工总司"等造反派组织召开"打倒市委大会"，批斗了全市各单位、各部门几百名领导干部。会后夺了上海市的党政领导大权。毛泽东大力支持夺权行动。山西、青岛、贵州、黑龙江的造反派也先后"夺权"。全国掀起了全面夺权的风暴，这就是所谓"一月革命"。

"文化大革命"及其夺权斗争名义上是直接依靠群众，但是，在大批党政领导干部被揪斗迫害，党的领导机关和各级组织普遍陷于瘫痪、半瘫痪状态，广大党员和积极分子无法发挥作用的情况下，在党纪国法被弃置不顾、国家的司法公安机关无法行使职权的情况下，实际上只是为一些野心分子、冒险分子、投机分子、蜕化变质分子以及各种社会渣滓，提供了不受任何约束、纠合在一起施展破坏力的条件。这一股打着最"革命"的旗帜的反社会势力，成为林彪、江青一伙野心家制造动乱所依靠的社会基础。全面夺权使派性斗争激化，社会动乱加剧，大批党政军领导干部遭到批斗、打倒，武斗以致流血事件不断发生，生产建设事业受到损害。

　　这种局面不能不引起老一辈革命家的严重关注。1967年2月前后，谭震林、陈毅、叶剑英、李富春、李先念、徐向前、聂荣臻等老同志，在不同的会议上对"文化大革命"的错误做法和林彪、江青一伙的倒行逆施提出了强烈的批评。这些批评围绕着三个原则性问题：第一，搞"文化大革命"要不要党的领导；第二，搞"文化大革命"应不应该把老干部都打倒；第三，搞"文化大革命"要不要保持军队的稳定。这些行动当时被认为是"大闹京西宾馆""大闹怀仁堂"，被诬为"二月逆流"，受到了压制和打击，实际上是老同志为维护党和国家的原则而进行的"二月抗争"。此后，林彪、江青一伙在全国掀起"反击自上而下的复辟逆流"的浪潮，更大规模地打击对"文化大革命"不满的各级领导干部。

　　为保证"夺权"活动顺利进行，1月，中央发布了《关于人民解放军坚决支持革命左派群众的决定》，要求军队积极支持左派的夺权斗争。不久，军队任务扩大为"三支两军"。在当时的情况下，军队做了大量工作，维护了必要的社会稳定，保护了一批干部，减少了工农业生产和人民生命财产的损失，减轻了"文化大革命"造成的破坏。但是，在"文化大革命"全局性的错误中，执行"三支两军"的部队和人员既缺乏思想准备，更不具备地方工作经验，加上林彪、江青两个集团的插手，使这项工作不能不发生许多错误，给部队建设以及军地关系带来消极影响。

　　尽管党中央为稳定局势发出一系列文件，甚至派军队介入，仍达不到预期成效。在"夺权"的旗帜下，各地普遍形成相互对立的两大派或更多的派别组织。它们虽然在政治倾向上有这样那样的差别，但都是在极左思潮支配下进行造反、夺权活动，对"权"这个根本问题互不相让，争夺激烈，甚至酿成大规模武斗。林彪、江青集团火上浇油，提出"文攻武卫"的口号煽动武斗；提出"彻底砸烂公、检、法"的主张，组织数万人包围中南海，冲击国务院。在这种形势下，发生了武汉数十万军民抗议中央代表团代表谢富治、王力支持一派、压制另一派的"七二〇"事件。在此期间，还发生了火烧英国代办处的严重涉外事件等。毛泽东后来把这种局面称为"全面内战"。

1967年夏秋出现"天下大乱"后，毛泽东视察了华北、中南和华东地区，发表了一系列谈话。他号召各地群众组织实现大联合；正确对待干部；告诫造反派头头和红卫兵"现在正是他们有可能犯错误的时候"。毛泽东还于8月底批准对"中央文革小组"成员王力、关锋隔离审查。他还批发了多项命令、通知、布告、通令，以维护社会秩序，保护国家财产，保障交通运输，制止武斗蔓延。

1967年年底至1968年"全面夺权""天下大乱"的局面，激起人民群众的强烈不满。1967年年底至1968年年初，上海市某些群众组织相继贴出怀疑和批判江青、张春桥，反对造反派极端行径的大字报。1968年2月，外交部91名司局级干部联合贴出大字报，揭露煽动打倒陈毅的极左人物，要求陈毅回部工作。2月底，国防科委党委常委会明确提出"拥护以聂荣臻同志为核心的国防科委党委的正确领导"。这类情况的不断发生，引起"中央文革小组"的恐慌和仇视。3月中旬，江青等人在多处宣称，在全国"有一股右倾翻案风"，"为二月逆流翻案"。3月下旬，发生了所谓"杨（成武）、余（立金）、傅（崇碧）事件"，这是林彪、江青一伙联合制造的又一起迫害军队领导人的事件。反击"右倾翻案风"使群众组织派性复发，一些省、市脆弱的"大联合"顷刻瓦解，内战再起。许多地区的派性争斗发展到有预谋地制造大规模破坏活动。一些大专院校学生组织的派性争斗愈来愈激烈，并酿成流血冲突。

1968 年 8 月，中央发出《关于派工人宣传队进学校的通知》。全国大、中、小学都进驻了工宣队和军宣队，一些"老大难"单位和军事院校也派驻了工人和解放军宣传队。

从 1967 年"一月夺权"到 1968 年下半年，在"全面夺权"的 20 个月里，中央到地方的大批领导干部或被革职罢官，或被下放管制，或被关进监狱。仅在中央文件和报刊上点名为"敌我矛盾"的 28 个省、市、自治区的主要负责人，就达 60 余人。遍及全国的"全面内战"使人民群众的生命财产遭受巨大损失，国民经济急剧恶化。经过持续 20 个月"全面夺权"的动乱，到 1968 年 9 月，全国（台湾省除外）29 个省、市、自治区相继成立了革命委员会，标志着"文化大革命"取得"决定性胜利"。

按照毛泽东的指示，革命委员会内部实行有革命干部代表、军队代表、群众代表参加的"三结合"，实行党政合一、高度集中的领导体制。革命委员会的建立是以全盘否定中华人民共和国成立以来我国的党政领导体制为前提的。它以抓阶级斗争作为基本职能，被认为是"领导广大革命群众对阶级敌人进攻的战斗指挥部"。革命委员会体制是我国政治体制在职能、结构上的一个倒退。就当时的情况说，革命委员会的成立毕竟在一定程度上结束了"文化大革命"前期的大动乱局面，填补了国家和地方权力的真空半真空状态，使各项工作有可能逐步恢复和展开。

1968 年南京长江大桥全面建成通车

林彪覆亡

1968 年 10 月 13 日至 31 日，党的八届扩大的十二中全会在北京召开。会议在党内生活极不正常的状况之下，批准了关于刘少奇问题的"审查报告"，给刘少奇加上"叛徒、内奸、工贼"的罪名，作出完全错误的政治结论和"永远开除出党，撤销其党内外一切职务"的决议。这是"文化大革命"中制造的最大一起冤案。

1969 年 4 月 1 日至 24 日，党的九大在北京举行。林彪代表党中央作政治报告。这个报告旨在为"文化大革命"作理论的和历史的论证。为了说明"文化大革命""是完全必要的，是非常及时的"，政治报告将中华人民共和国成立以来特别是 1957 年反右派以来党在指导思想上和实践上的许多"左"的错误作为正确的方面加以肯定，把党在八大以后探索适合中国情况的社会主义建设道路过程中提出的许多正确的和比较正确的思想、政策和积极成果，作为"修正主义"的东西加以批判。

政治报告的核心内容是阐述"无产阶级专政下继续革命的理论"。其主要内容是：认为党内有一个"资产阶级司令部"，它有一条修正主义的政治路线和组织路线，在各省、市、自治区和中央各部门都有代理人，因而要"公开地、全面地、自下而上地发动广大群众"向走资本主义道路的当权派夺权，这个夺权斗争实质上是"一个阶级推翻一个阶级的政治大革命"。政治报告以"无产阶级专政下继续革命的理论"为核心，论述了"文化大革命的准备""文化大革命的过程"，在肯定"文化大革命"的所谓成绩和经验的基础上，提出了"搞好斗、批、改，把上层建筑领域中的社会主义革命进行到底"等任务。

会议通过的党章把"无产阶级专政下继续革命的理论"写进总纲，只字不提发展生产力和社会主义现代化建设，取消了有关党员权利的规定，还明文写入"林彪同志是毛泽东同志的亲密战友和接班人"。大会选举的中央委员会，把许多功勋卓著、久经考验的革命家排斥在外，纳入了一批林彪、江青帮派体系的骨干。

九大的召开使"文化大革命"的理论和实践合法化，加强了林彪、江青这两个集团在中央领导核心中的地位。九大在政治上、组织上的指导方针都是错误的。

九大以后，"斗、批、改"运动在全国展开。所谓"斗、批、改"，包括开展"革命大批判""清理阶级队伍""建立三结合的革命委员会""整党建党""改革不合理的规章制度""精简机构，下放科室人员"等。

通过九大和九届一中全会，林彪集团的权势更加扩展，他们的野心也恶性膨胀。他们意识到江青集团的势力有可能超过自己，林彪的接班人地位会发生变化，因而妄图提前"接班"，为此进行了许多阴谋活动。1970 年 3 月，毛泽东提出召开四届人大和修改宪法的问题，同时提出不设国家主席的建议。林彪却坚持主张设国家主席，并表面上拥护毛泽东担任主席，实际上是他自己想当国家主席。

1970 年 8 月 23 日至 9 月 6 日，党的九届二中全会在庐山举行。会议一开始，林彪就抢先发言，仍然坚持设国家主席的主张。他反复称颂毛泽东的功绩，批驳并不存在的认为毛泽东对马列主义没有发展的观点，提出"毛主席是天才"的论断。林彪讲话的矛头是指向江青集团的。在讨论林彪讲话的分组会上，林彪集团的成员陈伯达、叶群、吴法宪、李作鹏、邱会作等按照事先密谋，分别在各组抓住设国家主席和称天才两个问题，不指名地攻击张春桥，亦即攻击江青集团。参加会议的绝大多数人都表示极大的愤慨，要求把"不赞成毛主席当国家主席"的人"揪出来"。毛泽东立即采取措施，制止了混乱，并写了《我的一点意见》，点名批评陈伯达，而对林彪则采取保护过关态度。从表面上看，九届二中全会的斗争是围绕着设不设国家主席问题展开的，实际上是林彪、江青两个集团长期以来特别是九大以来不断积累的矛盾的总爆发。以毛泽东《我的一点意见》的发表为标志，这场斗争实际上已转化为毛泽东领导的反对林彪集团的斗争。

九届二中全会后，党内开展了"批陈整风"运动。毛泽东采取一系列措施，逐渐削弱林彪集团的权势。随着"批陈整风"的开展，林彪的儿子林立果等人加快了进行反革命政变的步伐。1971 年 3 月 21 日至 24 日，林立果在上海秘密据点召集"联合舰队"主要成员密谋，起草了《"571"工程纪要》。8 月中旬至 9 月 12 日，毛泽东去南方巡视。他在同沿途党政军负责人谈话中说，庐山会议上的那场斗争还没有完。并指出：这次庐山会议，又是两个司令部的斗争。林彪当然要负一些责任。

叶群得知情况后，一面向林彪报告，一面与林立果加紧密谋。林立果向"联合舰队"下达了"一级战备"的命令。接着，策划了谋害毛泽东，另立中央或叛逃国外的准备。毛泽东的高度政治警惕性和采取的机智措施，使林彪等人的谋害计划破产。林彪等遂于 9 月 13 日外逃叛国，机毁人亡，葬身异域。"九一三"事件的发生，在客观上宣告了"文化大革命"理论和实践的失败。

结束"文化大革命"

　　林彪事件发生后，随着林彪集团的罪行材料陆续发出并逐步传达到基层，全国开展了"批林整风"运动。毛泽东在周恩来协助下，采取一系列措施解决与这一事件有关的各种问题。中央对那些卷入林彪集团活动的人和单位进行清查，并对一些单位的领导班子进行了适当调整。

　　"九一三"事件的突发使毛泽东在精神上受到巨大的刺激。他觉察到"文化大革命"所造成的一些严重问题，在一定程度上改变了对一批老干部的看法，亲自抓了对一些重要干部落实政策的工作。他的这些举动，为加快落实干部政策创造了条件。但是，毛泽东没有认识到"文化大革命"的全局性错误，也没有在这个转折关头毅然宣告结束这场"大革命"。毛泽东仍然用"无产阶级专政下继续革命的理论"宣称林彪事件是激烈阶级斗争的表现，是第十次路线斗争。他仍然让江青一伙在党和国家政治生活中起十分重要的作用。这就延长和加深了"文化大革命"对国家和人民所造成的灾难。

　　在批林整风运动中，周恩来把批判林彪反革命集团的罪行和批判极左思潮结合起来，多次提出批判极左思潮的问题。周恩来指出，极左思潮"就是空洞、极端、形式主义、空喊无产阶级政治挂帅"。在毛泽东的支持下，周恩来加快了落实干部政策和知识分子政策的进程，使一大批被打倒的党政军领导干部重新走上重要领导岗位。

针对极左思潮对经济工作的破坏，周恩来指示国务院采取果断措施，对国民经济的若干比例关系进行调整，强调加强统一计划，解决"三个突破"的问题。在工业上，整顿企业管理，反对无政府主义，把产品质量问题放到第一位等，对恢复和发展生产起了推动作用。1970 年至 1973 年，我国进出口总额由 45.9 亿美元上升到 109.8 亿美元，

中国第一艘核潜艇下水

回升之快，为中华人民共和国成立后少见。

在农村，党中央发出关于农村人民公社分配问题的指示，开始纠正一些"左"的经济政策，重申必须兼顾国家、集体和个人三者利益，坚持按劳分配原则，要求各地不要照搬照抄大寨大队的劳动管理办法和分配办法，而要从实际出发，注意农业的全面发展，不能把政策允许的多种经营和家庭副业当成资本主义的东西加以否定等。

周恩来还抓了落实党的科教、民族、统战等政策的工作，强调认真清理教学和科研工作中的极左思潮，提高基础理论水平，办好综合

大学的理科；提倡为革命刻苦钻研业务技术；提高质量，勇敢攻关。在此期间，一度受到严重破坏的民族关系得到初步改善。

林彪事件后产生了一些重大的组织问题，其中最迫切的是修改载有林彪为接班人的党章和选举新的中央委员会，成立新的中央领导机构，党中央决定提前召开十大。1973 年 8 月 24 日至 28 日，党的十大在北京召开。十大继续肯定"文化大革命"，肯定无产阶级专政下继续革命的学说，坚持"党在整个社会主义历史阶段的基本路线和政策"。十大还把"天下大乱，达到天下大治，过七八年又来一次"认定为"客观规律"，宣称反对林彪反党集团这样的斗争，还会出现十次、二十次、三十次。王洪文作关于修改党章的报告，强调要"坚持无产阶级专政下的继续革命"，增写了"文化大革命今后还要进行多次"这样的内容。大会产生了第十届中央委员会。邓小平等一批在"文化大革命"中受到打击和排斥的老干部被选进中央委员会。十大以后，江青、王洪文、张春桥、姚文元在中央政治局内结成"四人帮"，江青集团的势力得到加强。

党的十大以后，"四人帮"凭借他们膨胀了的权势，加紧篡党夺权的阴谋活动。主持中央日常工作的周恩来成了他们蓄意打倒的主要目标。他们借毛泽东批评周恩来主管的外交部和批评周恩来在 11 月间一次外事活动中的所谓错误为由头，提出这是"第十一次路线斗争"，在一些基层单位发动"反右倾回潮运动"。在毛泽东作了林彪是"尊孔反法"的谈话后，他们又利用批孔大做文章，在全国发起"批林批孔"运动。他们以批判孔子的"克己复礼"，"兴灭国，继绝世，举逸民"为名，影射攻击周恩来是"现代的儒"，鼓吹"修正主义仍然是当前的主要危险"，对周恩来在 1972 年前后恢复"文化大革命"以前某些正确的政策措施、落实政策、安排一批老干部重新工作等进行攻击。"批林批孔"运动使周恩来等老一辈革命家在林彪事件后经过艰苦努力刚刚趋向稳定的局势又混乱起来，国民经济重新遭到破坏，工业生产再次下降。

1975年1月13日至17日，四届全国人大一次会议在北京举行。周恩来在《政府工作报告》中，重新提出在20世纪内全面实现农业、工业、国防和科学技术四个现代化的宏伟目标，把全国各族人民的注意力再次引到发展经济、振兴国家的事业上来。大会确定以周恩来、邓小平为核心的国务院领导人选，为邓小平主持工作奠定了组织基础。但是，这次大会是在"批林批孔"运动中召开的，会议所作的报告、通过的决议和宪法，都受到"左"倾错误的严重影响。

四届人大一次会议闭幕后，病重的周恩来继续住院治疗。邓小平在毛泽东、周恩来的支持下，实际上开始主持中央工作。邓小平提出四化建设是大局的思想和要全面整顿的任务，与"四人帮"批判"唯生产力论"和反对所谓"经验主义"的活动进行了坚决斗争，果断地对被搞乱了的各条战线进行整顿。在经济方面，邓小平首先抓了铁路整顿。经过整顿，到4月底，堵塞严重的几个铁路局全部疏通，全国20个铁路局中有19个超额完成计划。接着，钢铁工业开始了整顿。邓小平强调：把钢铁生产搞上去，最重要的是建立一个坚强的领导班子，坚决同派性作斗争，认真落实政策，建立必要的规章制度。工业交通部门经过几个月的整顿，形势明显好转。科技工作也开始了整顿。文艺领域进行了政策调整。教育战线的整顿也在积极着手。军队整顿，作为各方面整顿中至关重要的一环，继2月取消军委办公会议，成立由叶剑英主持的中央军委常务委员会后，于6月至7月召开中央军委扩大会议。会后，对军队各大单位的领导班子进行了调整，对于抵制"四人帮"夺取军队领导权的阴谋起了重要作用。在整顿的过程中,邓小平领导起草了《关于加快工业发展的若干问题》(简称《工业二十条》)、《关于科技工作的几个问题(汇报提纲)》(后来修改为《科学院工作汇报提纲》)等重要的文件和文章。这些文件和文章针对整个工业和科技领域存在的问题,以实现四个现代化为目标,提出了加快工业和科技发展的一系列措施。这些工作实际上是系统地纠正"文化大革命"的错误,恢复党的正确的和比较正确的方针、政策,开始了当时条件下所能进行的拨乱反正。整顿在短时间内收到显著成效,得到了广大干部和群众的支持。1975年邓小平主持的全面整顿,是"文化大革命"期间代表正确和比较正确的发展趋向的党内力量与"四人帮"的一场重大斗争。经过整顿,一些地区的武斗逐步减少,大部分地区社会秩序趋于稳定,国民经济由停滞、下降迅速转向回升。

毛泽东虽然支持邓小平主持党和国家的工作,但他仍然认为"文化大革命"是正确的,他希望邓小平在肯定"文化大革命"的前提下,实现安定团结,把国民经济搞上去。但是,各条战线整顿的展开,势必触及"文化大革命"的"左"倾错误思想和政策,逐渐发展到对这些错误进行系统的纠正,这就有从根本上否定"文化大革命"的可能。这种发展趋势,既遭到"四人帮"的猖狂反对,也为毛泽东所不能容忍。1975年下半年以后,他的病情逐渐加重,行动、说话都很困难。根据他的意见,由毛远新担任他和政治局之间的联络员。这期间,"四人帮"、毛远新等别有用心的情况反映,对毛泽东作出错误决策起了极其恶劣的作用。11月下旬,毛泽东错误地发动了"批邓、反击右倾翻案风"运动。

1976年1月8日,党和国家的重要领导人周恩来逝世。他的逝世引起全党全军和全国人民的无限悲痛。2月2日,经毛泽东提议,由华国锋任国务院代总理，同时主持党中央的日常工作。

在悼念周恩来逝世的日子里，"四人帮"一伙作出种种规定，压制人民群众的悼念活动，加紧开展"批邓、反击右倾翻案风"运动。"批邓、反击右倾翻案风"违背党心民心，破坏了各条战线刚刚出现的比较稳定的局势，受到了广泛的抵制。在人民群众对"四人帮"一伙的愤恨越来越强烈时，《文汇报》在3月制造的两起影射攻击周恩来和邓小平的事件，激起了群众更大的愤怒。1976年三、四月间，发生了以天安门事件为代表的全国范围的群众悼念周恩来、反对"四人帮"的强大抗议运动。这个全国性的群众抗议运动鲜明地表现了人心的向背，为后来粉碎江青反革命集团奠定了强大的群众基础。

9月9日，党和国家的主要领导人毛泽东逝世。"四人帮"加紧了夺取党和国家最高领导权的阴谋活动。这使叶剑英、李先念、陈云等许多老一辈革命家深感忧虑。身为党中央第一副主席、主持中央日常工作的华国锋，在"四人帮"咄咄逼人的进攻下，也认识到必须消除党和国家身上的这个痈疽。经过他同叶剑英、李先念以及汪东兴反复研究，

毛主席纪念堂

决定对"四人帮"进行断然处置。10月6日晚,中央政治局果断采取措施,一举粉碎"四人帮",延续十年之久的"文化大革命"至此结束。这一胜利,从危难中挽救了中国的社会主义事业,为党的历史进入新的发展时期创造了前提。

解放思想
1977.2—1978.5

1977.2.7
提出「两个凡是」。

1977.8.12-8.18
中共十一大召开，提出建设社会主义现代化强国任务。

1978.5.11
《光明日报》发表《实践是检验真理的唯一标准》一文。

重心转移
1978.7—1979

1978.7-9
国务院务虚会，研究如何加快我国现代化建设速度问题。

1978.9
邓小平视察东北。

1978.12.18-22
中共十一届三中全会召开。

1979.1.18-4.3
理论工作务虚会，邓小平发表《坚持四项基本原则》讲话。

拨乱反正
1980.2—1982

1980.2
中共十一届五中全会为刘少奇平反。

1981.6
中共十一届六中全会通过《关于建国以来党的若干历史问题的决议》。

改革开放
1978—1984

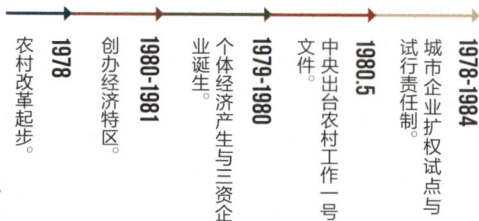

1978
农村改革起步。

1980-1981
创办经济特区。

1979-1980
个体经济产生与三资企业诞生。

1980.5
中央出台农村工作一号文件。

1978-1984
城市企业扩权试点与试行责任制。

全面改革
1984.10—1987.11

1984.10.20
中共十二届三中全会通过《关于经济体制改革的决定》。

1985.1
中共中央、国务院决定把长江三角洲、珠江三角洲和闽南厦（门）漳（州）泉（州）三角地区开辟为沿海经济开放区，继而将辽东半岛、胶东半岛开辟为经济开放区，以加速沿海经济的发展，从而带动内地经济发展。

1986.3
中共中央、国务院批准启动实施「863计划」。

1987.10.25-11.1
中共十三大召开，提出「三步走」发展战略。

治理整顿
1988.4—1990.4

1988.4
七届全国人大一次会议通过设立海南省和建立海南经济特区的决定。海南岛成为我国最大的经济特区。

1988.9.26-30
中共十三届三中全会批准了中央政治局提出的治理整顿的指导方针和政策措施。

1989.6.23-24
中共十三届四中全会总结北京政治风波的教训。

1989.11
中共十三届五中全会通过《中共中央关于进一步治理整顿和深化改革的决定》。

1990.4
中共中央和国务院决定在上海浦东实行经济技术开发区和某些经济特区的政策。

第五章
CHAPTER FIVE

历史转折

"文化大革命"结束后的中国，百废待兴。党面临着拨乱反正、使党和国家在动乱后重新走向振兴的艰巨任务。1978 年开展的真理标准大讨论带来思想大解放，加快了实现历史转折的进程。党的十一届三中全会决定停止使用"以阶级斗争为纲"的口号，把全党工作的着重点和全国人民的注意力转移到社会主义现代化建设上来，并且实行改革开放，从而实现了新中国成立以来党的历史上具有深远意义的伟大转折。这标志着中国共产党人在新的时代条件下的伟大觉醒，显示了党顺应时代潮流和人民愿望、勇敢开辟建设社会主义新道路的坚强决心。从此，中国改革开放拉开了大幕。

解放思想

  经过长达十年的"文化大革命"，积累下许多严重的政治问题和社会问题，整个局面可以说是百废待兴。党面临着拨乱反正、使党和国家在动乱后重新走向振兴的艰巨任务。完成这一任务，首先必须在指导思想上纠正过去的"左"倾错误，重新确立正确的指导思想。解放思想首当其冲。

  1977 年 2 月 7 日发表的《人民日报》《红旗》杂志和《解放军报》两报一刊社论，提出"凡是毛主席作出的决策，我们都坚决维护；凡是毛主席的指示，我们都始终不渝地遵循"。"两个凡是"的提出，不仅压制了广大干部群众的正当要求，也为纠正"左"倾错误和拨乱反正设置了禁区。为冲破这个禁区，以邓小平为代表的党内一批老一辈

1977 年恢复高考

革命家带领广大人民群众进行了艰巨而富有成效的努力。

1977年4月10日，邓小平在致党中央的信中有针对性地提出了"用准确的完整的毛泽东思想来指导我们全党、全军和全国人民"的观点，并很快得到党内干部的热烈拥护。在党内外的强烈呼吁声中，1977年7月，党的十届三中全会终于全部恢复了"反击右倾翻案风"时邓小平被撤销的全部职务；同时追认了关于华国锋任中共中央主席、中央军委主席的决定。

1977年8月12日至18日，中国共产党第十一次全国代表大会在北京召开。大会宣告了"文化大革命"的结束，并提出了建设社会主义现代化强国的任务，但对"文化大革命"的错误理论和实践仍然作了充分肯定。在十一届一中全会上，华国锋被选为中共中央主席，叶剑英、邓小平、李先念、汪东兴为副主席，并由以上五人组成中央政治局常务委员会。

邓小平复出后，首先从抓教育和科技入手，通过否定曾得到毛泽东批准的"两个估计"（即"文化大革命"前的十七年教育战线是资产阶级专了无产阶级的政，是"黑线专政"；知识分子的大多数世界观基本上是资产阶级的，是资产阶级知识分子），开始教育和科技领域的拨乱反正，突破"两个凡是"的禁区，进而又影响到平反冤假错案和经济、文艺等领域的拨乱反正。但是，这些拨乱反正，开展得都十分艰难，几乎每前进一步，都会遇到"两个凡是"思想的阻碍，都有人搬出毛泽东的批示或"语录"进行诘难。

1978年5月11日，《光明日报》发表了多人参与并经胡耀邦审定的《实践是检验真理的唯一标准》一文。《人民日报》《解放军报》等报刊于次日转载。文章鲜明地提出：社会实践不仅是检验真理的标准，而且是唯一的标准。马克思主义的理论宝库并不是一堆僵死不变的教条，

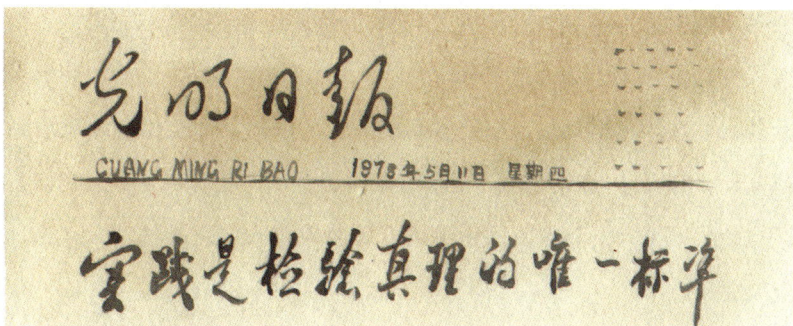

实践是检验真理的唯一标准

对"四人帮"设置的禁锢人们思想的禁区，我们要敢于去触及，敢于去弄清是非。

尽管文章只是对马克思主义的基本常识作正面阐述，但实际却批判了"两个凡是"，并触及盛行多年的属于现代迷信的个人崇拜。因此，立即引起"两个凡是"同实事求是两种思想主张的激烈争论，由此引发了关于真理标准问题的讨论。

1978 年 6 月 2 日，邓小平在全军政治工作会议上讲话时，着重阐述了毛泽东关于实事求是的观点，批评了在对待毛泽东和毛泽东思想问题上的"两个凡是"态度，指出：我们一些同志天天讲毛泽东思想，却往往忘记、抛弃甚至反对毛泽东同志的实事求是、一切从实际出发、理论与实践相结合这样一个马克思主义的根本观点，根本方法。实事求是，是毛泽东思想的出发点、根本点。他号召"一定要肃清林彪、'四人帮'的流毒，拨乱反正，打破精神枷锁，使我们的思想来个大解放。"

邓小平的讲话使坚持实事求是，主张讨论真理标准问题的同志受到鼓舞。《人民日报》《解放军报》《光明日报》等有影响的大报继续发表讨论真理标准问题的文章；中央、地方和军队的理论工作者、新闻工作者先后举办了多次关于真理标准问题的讨论会，甚至科技界也积极参与这一理论问题大讨论；罗瑞卿、谭震林等一批老同志也以不同方式支持并参与这场讨论；从 1978 年 7 月底开始，各省、市、自治区及各大军区、各军兵种、军委各直属单位的主要负责人相继发表讲话或文章，公开表明支持关于真理标准问题讨论的立场和主张。在许多同志的共同努力下，这场讨论迅速冲破重重阻力，蓬蓬勃勃地在全国开展起来。

这场大讨论极大地促进了人们的思想解放，通过确立实践标准，人们开始摆脱"两个凡是"的束缚，实事求是地认识和处理拨乱反正中遇到的问题。组织工作部门开始提出以事实为根据，大胆地平反冤假错案的要求，而不管是什么人定的、批的；经济领域开始从实际出发，坚决贯彻按劳分配原则，恢复了一些过去曾遭批判的行之有效的做法；特别是在农村工作中，一些地方的领导从本地的实际情况出发，大胆地对农村政策进行调整、探索，而不顾多年来某些"本本"、教条或"禁令"的束缚。从而，不仅在思想上，而且在实践中；不仅使思想理论界，而且使党内许多干部，都冲破了"两个凡是"设置的禁区，为重新确立实事求是的指导思想，纠正长期以来的"左"倾错误，实现历史性转折奠定了思想基础。

1978 年全国科学大会召开

重心转移

真理标准问题讨论带来的思想解放，加快了实现历史转折的进程。

1978 年在平反冤假错案问题上，"两个凡是"的禁区开始被打破。到 1978 年年底，中央和国家机关 6000 多名待分配的干部已有 5000 多名得到了安置，一大批老干部重新走上了领导工作岗位。

党内不少同志在树立实践标准、破除"两个凡是"的过程中，对我国二十多年来的社会主义建设进行了反思，开始改变了以往对于社会主义的传统认识。1978 年 7 月 6 日至 9 月 9 日，国务院召开了为期两个月的务虚会，研究如何加快我国现代化建设速度问题。与会同志在认真总结中华人民共和国成立以来经验教训的基础上，纷纷提出了改革经济管理体制，积极引进国外先进技术和资金的建议。其后不久，国务院召开的全国计划会议又提出，经济工作必须实行三个转变：一是从上到下都要把注意力转到生产斗争和技术革命上来；二是把管理制度和管理方法转到按照经济规律办事的科学管理的轨道上来；三是从闭关自守或半闭关自守状态转到积极引进国外先进技术，利用国外资金，大胆进入国际市场的开放政策上来。这些思想酝酿，又从方针政策上为实现历史转折作了准备。

这期间，邓小平也在不少场合多次讲到，社会主义就是要加快发展生产力，要认真学习、积极引进国外的先进技术和管理经验，大胆改革我们的经济管理体制。1978年9月，他在东北三省视察时，再次强调要解放思想、实事求是，批评"两个凡是"的观点，指出："我们现在要实现四个现代化，有好多条件，毛泽东同志在世的时候没有，现在有了，中央如果不根据现在的条件思考问题、下决心，很多问题就提不出来、解决不了。"他还提出，揭批"四人帮"的群众运动要适时地结束，把工作重点转到建设上来。这一建议，很快得到了中央政治局常委的赞同。

在上述思想基础上，经过一系列准备，中共中央工作会议于1978年11月10日在北京召开。华国锋在开幕会上宣布，这次会议议题：一是讨论《关于加快农业发展速度的决定》和《农村人民公社工作条例（试行草案）》；二是商定1979年、1980年两年国民经济计划安排；三是讨论李先念在国务院务虚会上的讲话。在讨论这些议题之前，中央政治局决定，先讨论一下结束全国范围的揭批"四人帮"的群众运动，从明年起把全党工作着重点转移到社会主义现代化建设上来的问题。

11月12日，陈云在东北组发言，首先提出了解决历史遗留问题的意见，引起了与会同志热烈响应。11月25日，在与会同志强烈要求下，中央政治局终于作出了为天安门事件平反，为"薄一波等六十一人叛徒集团"案平反等项决定，解决了一批重大的历史遗留问题。在实事求是方针的指导下，与会同志又先后讨论了工作重点转移的指导思想、农业长期落后的根本原因、经济工作面临的任务以及党和国家的民主建设等问题。很多同志在讨论经济问题时，都提出了改革经济管理体制、引进国外先进技术设备的建议。

根据大家的讨论情况,12月13日，邓小平在闭幕会上作了题为《解放思想，实事求是，团结一致向前看》的重要讲话。这篇讲话对半年来热烈开展的真理标准大讨论作了总结，批评了"两个凡是"和个人崇

十一届三中全会召开

拜，提出了解放思想和打破僵化的迫切任务。这篇讲话受到大家热烈拥护，成为随后召开的十一届三中全会的主题报告。

经过中央工作会议的充分准备，1978 年 12 月 18 日至 22 日，党的十一届三中全会在北京召开。全会认真讨论了邓小平的上述讲话，一致同意从 1979 年起把党和国家的工作重点转移到社会主义现代化建设上来，确认了中央工作会议的各项重大决定，顺利完成了各项议程。全会增选陈云为中央政治局委员、中央政治局常委、中央委员会副主席；增选邓颖超、胡耀邦、王震为中央政治局委员；增补黄克诚等九人为中央委员；选举了以陈云为第一书记的中央纪律检查委员会。虽然华国锋仍担任党中央主席，但就体现党的正确指导思想和决定现代化建设的重大方针政策来说，邓小平实际上已成为中央领导集体的核心。

这次全会取得了一系列具有历史意义的伟大成果：彻底否定了"两个凡是"方针，恢复和重新确立了解放思想、实事求是的指导思想，实现了思想路线的拨乱反正，这是一切拨乱反正的先导；停止使用以阶级斗争为纲的口号，作出工作重点转移的决策，实现了政治路线的拨乱反正；形成了以邓小平为核心的中央领导集体，取得了组织路线拨乱反正的最重要成果；作出了实行改革开放的新决策，开始了中国从阶级斗争为纲到以经济建设为中心，从僵化到改革，从封闭到开放的历史性转变；在作出一系列加强农业的措施的同时，强调必须关心农民的物质利益，保障农民的民主权利，从而为启动农村改革提供了支持和保证。

这些具有决定意义的重要成果，不但结束了粉碎"四人帮"后两年来党在徘徊中前进的局面，而且实现了党和国家历史性的伟大转折，开辟了中国发展的新道路。从此，我国进入了改革开放和社会主义现代化建设的新时期。

拨乱反正

    十一届三中全会结束后，全党立即在各个领域进行全面拨乱反正，主要集中在思想、政治、经济和清理重大历史是非四个方面。

    一是坚持四项基本原则，澄清思想混乱。按照党中央的部署，1979 年 1 月 18 日至 4 月 3 日在北京召开了理论工作务虚会。胡耀邦在会议开始时宣布：召开这次会议的目的，一是要总结理论宣传战线的基本经验教训，把思想理论上的重大原则问题讨论清楚，统一到马克思列宁主义、毛泽东思想的基础上来。二是要研究全党工作重心转移之后理论宣传工作的根本任务，把马克思列宁主义、毛泽东思想同新的实践密切结合起来。中央宣传部根据讨论中提出的意见，决定停止使用"无产阶级专政下继续革命"和"以阶级斗争为纲"等口号。

    这时，社会上有极少数人利用党纠正"左"倾错误的机会，打着"民主自由""解放思想"的旗号，散布怀疑和否定共产党的领导、反对社会主义制度和毛泽东思想，主张资产阶级自由化的言论。一些地方出现了少数人闹事的现象，破坏了刚刚出现的安定团结和社会稳定。

    邓小平及时洞察到这股资产阶级自由化思潮的严重危害性。3 月 30 日，他在理论务虚会上代表中共中央作了题为《坚持四项基本原则》的讲话，明确提出：我们要在中国实现四个现代化，必须在思想上政治上坚持四项基本原则。第一，必须坚持社会主义道路；第二，必须坚持无产阶级专政；第三，必须坚持共产党的领导；第四，必须坚持马列主义、毛泽东思想。邓小平指出，这四项基本原则，是同三中全会以来党中央实行的方针政策一致的。这篇讲话既是对资产阶级自由化思潮的有力批判，又是对党的十一届三中全会路线的进一步阐述。从此，四项基本原则同改革开放和现代化建设一起，构成了十一届三中全会路线的基本内容。

在击退了资产阶级自由化思潮后，1979 年 5 月，首先从部队开始，全国各地陆续进行了关于真理标准讨论的补课，使这场讨论得到继续深入。在补课中，各地广大干部群众认真领会十一届三中全会精神，解放思想，破除僵化，进一步端正了思想路线。这次补课不但巩固了思想路线拨乱反正的成果，而且推动了解放思想和拨乱反正的深入，保证了十一届三中全会路线的正确贯彻。

二是全面复查平反冤假错案，解决历史遗留问题。三中全会刚一结束，党中央就为彭德怀、陶铸公开平反，隆重举行了追悼大会。此后，中央又陆续为在"文化大革命"中遭受迫害的贺龙、乌兰夫、彭真、谭震林、罗瑞卿、陆定一、杨尚昆，还有在"文化大革命"前受到错误批判的习仲勋、黄克诚、邓子恢等一批老革命家进行了平反。1980 年 2 月，党的十一届五中全会作出决定，为刘少奇平反昭雪，撤销八届十二中全会强加给刘少奇的一切罪名和所作出的错误决议，恢复刘少奇作为伟大的马克思主义者和无产阶级革命家、党和国家主要领导人之一的名誉。在此前后，一大批曾惨遭迫害的党政军负责同志，一些蒙冤多年的党的早期领导人，如瞿秋白、李立三、张闻天等，先后得到平反昭雪；一批久经考验的老干部重新回到领导岗位；一些在"文化大革命"中被错误批判或遭受诬陷的党政军领导部门，如中宣部、文化部、总政治部等也被恢复了名誉；一批曾在"文化大革命"中乃至"文化大革命"前产生过全国性重大影响的冤假错案，如"三家村""胡风反革命集团"等，也先后得到平反昭雪。

在中央的要求和督促下，各地和各部门也加快了对冤假错案的复查和平反。1979年1月，中央纪律检查委员会第一次全体会议曾特别提出：要坚持实事求是，有错必纠。会议要求各级纪律检查委员会抓紧处理积压的案件，首先抓紧做好冤假错案的平反和错划右派的改正工作。按照中央纪委的要求，各地和各部门的党组织排除干扰，努力工作。到1980年6月，全国共有54万多名错划右派得到了改正，被落实政策，得到妥善安置。到1982年年底，大规模的平反工作基本结束。

在大规模平反冤假错案的同时，党中央对一些历史遗留问题也进行了实事求是的处理。1979年1月11日，中共中央作出《关于地主、富农分子摘帽问题和地、富子女成分问题的决定》，宣布对多年来遵纪守法的地主富农分子以及反革命分子、坏分子，一律摘掉帽子，给予农村人民公社社员待遇。地主、富农家庭出身的子女，他们本人的

恢复了劳动者成分

成分和家庭出身，一律为公社社员，不得歧视。这一决定使至少 2000
万人结束了政治上被歧视的处境，开始了新的生活。同年 11 月 12 日，
中共中央批转了中央统战部等六部门《关于把原工商业者中的劳动者
区别出来问题的请示报告》。根据这一文件，全国共有 70 多万名小商、
小贩、小手工业者及其他劳动者被从原资产阶级工商业者中区别出来，
恢复了劳动者成分。此外，党中央还认真检查和纠正了民族、宗教等
工作中的"左"的错误，落实了党的各项政策。

根据广大人民的意志，1980 年 11 月 20 日至翌年 1 月 25 日，最高
人民法院特别法庭对林彪、江青两个反革命集团的十名主犯进行了公
开审判，伸张了正义，恢复了社会主义法制的尊严。各地方的人民法院
也陆续对江青反革命集团的其他余党进行了审判。

三是实行"调整、改革、整顿、提高"的八字方针。鉴于国民经济
中一些重大比例关系严重失调的状况，三中全会结束后，党中央和国
务院立即着手对国民经济进行调整。与 60 年代的经济调整不同，这次
调整除纠正严重失调的国民经济比例关系外，更着重于纠正经济建设
指导思想上的"左"的错误，树立实事求是的指导方针。实际是在经
济领域进行拨乱反正。

首先是加强农业，理顺农业与工业的关系。根据党中央的建议，
国务院陆续颁布了一系列加快恢复和发展农业生产的政策措施，包括
绝对不许征购过头粮；缩小工农业产品的差价；提高主要农副产品的
收购价格等等。1979 年 9 月党的十一届四中全会正式通过《中共中央
关于加快农业发展若干问题的决定》，其中的 25 项政策规定充分体现
了从实际出发、按照群众利益办事、尊重和保护农民民主权利的精神。
这些政策措施极大地调动了广大农民的积极性，促进了农业生产的恢
复和发展，也为人们进一步解放思想，进行农村改革创造了条件。

在其他方面的调整中，党中央针对"左"的思想阻力和急于求成的习惯心理，做了大量艰苦细致的工作。1980年12月，中共中央召开工作会议对中华人民共和国成立以来经济建设的经验教训和比例失调的根本原因进行了深刻分析。这次会议比较彻底地清理了经济工作中的"左"的错误，进一步统一了全党的思想认识。会后，调整方针得到了切实贯彻。到1981年年底，各项主要经济比例关系趋于协调，国民经济一度面临的困难局面有了根本改变。

更为重要的是，通过经济调整，全党对"左"的指导思想和经济体制中的弊端有了更加清醒的认识。在此基础上，国务院提出了新的经济发展指导方针，这就是：切实改变长期以来在"左"的思想指导下的一套老的做法，真正从我国实际情况出发，走出一条速度比较实在、经济效益比较好、人民可以得到更多实惠的新路子。这是经济领域拨乱反正的最重要成果。

四是解决中华人民共和国成立以来的重大历史是非。完成这个任务的关键，在于必须彻底打破属于现代迷信的个人崇拜的束缚，既要如实地指出并纠正毛泽东晚年的错误，又要正确维护毛泽东的历史地位，坚持毛泽东思想。1981年6月，党的十一届六中全会审议通过《关于建国以来党的若干历史问题的决议》，对中华人民共和国成立三十二年来的重大历史问题作出了正确的结论，清理和纠正了"左"的错误；对"文化大革命"作出了彻底否定的结论，指出它是"一场由领导者错误发动，被反革命集团利用，给党、国家和各族人民带来严重灾难的内乱"；对毛泽东的功过作出了实事求是、恰如其分的评价；对毛泽东思想作了充分阐述，庄严宣告：毛泽东思想是我们党的宝贵的精神财富，它将长期指导我们的行动。《关于建国以来党的若干历史问题的决议》的通过，标志着党在指导思想上拨乱反正的任务已经胜利完成。

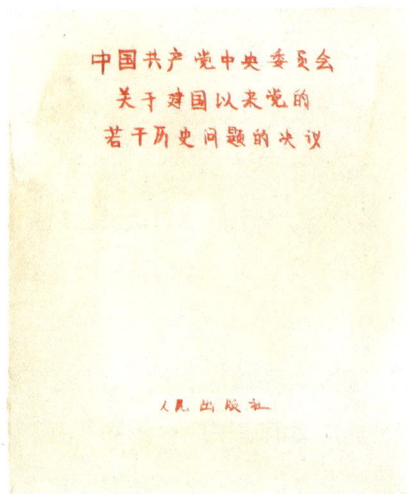

中国共产党中央委员会
关于建国以来党的
若干历史问题的决议

人民出版社

此后，全党又继续努力，胜利完成了各个领域拨乱反正的历史任务。

在认真清理和纠正"左"倾错误的同时，党的自身建设也得到加强。十一届三中全会后不久，各省、市、自治区和各部门的党委很快成立了纪律检查委员会。根据中央纪律检查委员会的要求，各级纪委都把维护党规党法，切实搞好党风作为根本任务。1980 年 2 月，党的十一届五中全会通过了《关于党内政治生活的若干准则》，为加强党的建设提供了重要法规。全会还决定重新设立中共中央书记处，选举胡耀邦为中央书记处总书记，加强了党的集体领导。1980 年 11 月，陈云提出了"执政党的党风问题是有关党的生死存亡的问题"的著名论断，进一步引起了全党对党的建设的重视。

改革开放

  在全面开展拨乱反正的同时，改革开放也在十一届三中全会后开始起步，并先后在农村改革、搞活企业和城市经济、对外开放、党和国家领导制度改革四个方面取得明显效果。在此基础上，党的十二大制定了全面开创社会主义现代化建设新局面的纲领。

  改革首先在农村取得突破。安徽和四川率先在农村政策上进行拨乱反正，走在了农村改革前面。

  早在1978年秋，面对百年不遇的特大旱灾，中共安徽省委就作出了把土地借给农民耕种，不向农民征统购粮的大胆决策。这一决策不但有效调动了全省农民的生产积极性，战胜了特大旱灾，而且还直接诱发了一些地区的农民索性干起包产到户。安徽省委对农民的尝试没有阻止，而是鼓励干部群众坚持以实践为标准，大胆探索。这年冬，安徽凤阳县梨园公社小岗村的18户农民又采取了更为大胆的举动。他们冒着坐牢的风险，订了秘密协定，把土地分到各户，规定在完成国家和集体的上缴任务后，剩余多少全归个人。小岗人没有意识到，他们的这种包干到户的尝试，不仅将使他们自己彻底告别贫困，而且还开启了全国农村改革大潮的闸门，成为日后风靡全国的家庭联产承包制的开端。

  就在安徽酝酿实行包产到户、包干到户的同时，四川省的农民

小岗村

也在省委领导的支持下向"一大二公"的人民公社体制发起挑战。从
1978 年春开始，全省不少地方就搞起了包产到组的农业生产责任制。
三中全会以后，随着广大干部群众的思想不断解放，包产到组或包产
到户的范围迅速扩大，并立即收到明显效果，原有的人民公社领导体
制显得越来越不适应。在这种形势下，四川广汉县向阳公社于 1980 年
率先对人民公社的政社合一体制进行改革，撤销人民公社，恢复建立
乡政府，成立了乡农工商联合总公司。中共四川省委给予支持，并逐步
进行推广。

在安徽和四川两省的影响下，贵州、云南、甘肃、广东、内蒙古、
湖北等省区的一些地方也先后实行了不同形式的农业生产责任制，并
都在三中全会后得到迅速发展。

与此同时，党中央也积极鼓励广大农民对各种形式的生产责任制
进行探索，不设禁区，也不匆忙做定论，而是让广大农民大胆实践，

让实践来回答人们的疑问。1980年9月，中共中央在《关于进一步加强和完善农业生产责任制的几个问题》的文件中，明确肯定了三中全会以来各地建立的各种形式的农业生产责任制，要求在不同的地方、不同的社队，要根据实际情况，采取各种不同形式，不可拘泥于一种模式。同时指出，根据群众的要求，可以包产到户，也可以包干到户。在生产队领导下实行的包产到户是依存于社会主义，不会脱离社会主义轨道，没有什么复辟资本主义的危险，因而并不可怕。这是党在农村政策上的重要突破，使广大农民受到了鼓舞。

实践的结果很快就为农民的改革探索作出了结论。1982年1月1日，中共中央在当年发布的一号文件中明确指出：目前实行的各种责任制，包括小的包工定额计酬，专业承包联产计酬，联产到劳、包产到户、到组，包干到户、到组，等等，都是社会主义集体经济的生产责任制。这是党中央对包产到户和包干到户的性质第一次作出明确肯定。从此，全国农村的广大干部群众彻底甩掉了"包产到户不是社会主义"的"紧箍咒"。"双包"责任制迅速在全国农村推广开来，并且都取得了出乎意料的好效果。到1982年6月，全国农村实行"双包"责任制的生产队已经达到71.9%，其中实行包干到户的占总数的67%，包干到户已经成为农业生产责任制的主要形式。

1982年，我国农业取得大丰收，其中粮食的产量比上年增加2948万吨，这是多年来少有的。"双包"责任制的威力已经毋庸置疑了。1983年1月，中共中央在当年下发的一号文件《当前农村经

家庭联产承包责任制

济政策的若干问题》中，把"双包"责任制统称为家庭联产承包责任制，并给予了高度评价，指出这是"在党的领导下我国农民的伟大创造，是马克思主义农业合作化理论在我国实践中的新发展"。文件还为进一步推动和引导农村改革规定了一系列政策，其中明确提出：要改革人民公社体制，实行联产承包责任制，实行政社分设。此后，家庭联产承包制很快在全国普及，撤销人民公社、实行政社分设的改革也逐步展开，长久被压抑的农村生产力得到迅速解放。我国沿用了二十多年的计划经济的传统模式，首先被农村改革成功地突破了。

城市经济体制改革也开始了试点。首先是扩大企业自主权。早在1978年10月，中共四川省委就选择宁江机床厂、重庆钢铁公司、成都无缝钢管厂、四川化工厂、新都县氮肥厂、南充丝绸厂六个企业，开始进行扩大自主权的试点。经过几个月实践，这项改革很快有了成效。到1979年8月，参加试点的企业的产值和实现利润分别比1978年同期增长了14.1%和21.8%，企业和职工的积极性也比过去明显提高。

继四川扩权试点之后，1979年4月，国家经济委员会又决定在北京、天津、上海选择首都钢铁公司、天津自行车厂、上海柴油机厂等8个企业进行扩权试点，允许它们在完成国家计划的前提下，可以根据市场需要安排生产，并在人、财、物方面拥有相应的自主权。为了加强领导，1979年7月，国务院发出了《关于扩大国营工业企业经营管理自主权的若干规定》等五个文件，对扩权企业进行指导。到1980年6月，全国进行试点的企业已发展到6600个。

随着企业扩权试点的发展和农村广泛实行生产责任制的影响，一些企业也开始采用经济责任制的办法，围绕国家与企业、企业与职工之间的责、权、利关系，贯彻联产承包、按劳分配的原则，克服企业之间和企业内部吃"大锅饭"的现象。1981年10月，国务院颁布了《关于实行工业企业生产责任制若干问题的意见》，要求各工业企业研究执行。文件下达后，经济责任制很快在工业企业中推广，并涌现出一批先进企业，取得了初步经验。如第一批进行扩权试点的首都钢铁公司，从 1981 年起，在国务院和北京市政府的支持下，改变国家与企业之间利润分成的办法，实行利润定额包干，全年上缴利润 2.7 亿元，超过部分全部留给企业。1982 年，又确定以 2.7 亿元为基数，每年上缴利润递增 6%，包死基数，确保上缴，超包全留，歉收自补，国家不再投资；企业内部则实行全员承包，责、权、利到人。到 1983 年，全国绝大多数国有工业企业和商业企业都实行了经济责任制。与此相适应，一些企业还开始试行厂长负责制。

1980 年 8 月，为解决多年来积压的大批待业青年的就业问题，中共中央专门召开全国劳动就业工作会议，制定了"解放思想，放宽政策，发展生产，广开就业门路"的方针。根据这一方针，各级政府和部门对发展城镇集体和个体经济放宽了政策，鼓励和扶持待业人员组织起来就业或自谋职业。结果，不但逐步解决了待业青年的就业问题，而且还使我国的所有制结构开始得到改善。

在新出现的所有制形式中，引人注目的是一批首次在中国出现的中外合资、中外合作企业。而更引人注目的，则是以吸引外资为主、外商直接投资办企业为主的经济特区的创办。

1979 年 4 月，在中共中央召开工作会议期间，邓小平听取了广东省委负责人关于在毗邻港澳的深圳、珠海和侨乡汕头开办出口加工区的建议，他当即表示："还是办特区好，过去陕甘宁就是特区嘛，中央没有钱，你们自己去搞，杀出一条血路来！"会后，中央和国务院立即组织有关部门前往广东、福建进行考察。7 月 15 日，中央和国务院批转了广东和福建省委关于在对外经济活动中实行特殊政策和灵活措施的报告，决定对广东、福建两省的对外经济活动给以更多的自主权，充分发挥两省的优势，扩大对外贸易，把经济尽快搞上去。同时决定，先在深圳、珠海划出部分地区试办出口特区，待取得经验后，再考虑在汕头、厦门设置特区。这一重大决策使两省的对外经济活动很快呈现出蓬勃发展势头，特区也进入筹建阶段。1980 年 5 月，中共中央正式决定将"出口特区"改名为"经济特区"，并要求经济特区的管理，在坚持四项基本原则和不损害主权的条件下，可以采取与内地不同的体制和政策。特区主要实行市场调节。8 月，全国人大常委会批准了在广东、福建的深圳、珠海、汕头、厦门设置经济特区的决定和《广东省经济特区条例》。经过一系列充分准备，从 1980 年下半年到 1981 年下半年，四个特区的建设先后全面启动。来自全国各地的建设大军陆续开赴这些僻静的边陲小镇、荒滩渔村，顿时引起祖国内地和港澳同胞、海外侨胞的极大关注。

在特区建设者的艰苦努力下，经济特区的面貌迅速发生变化，尤其是先行一步的深圳，更是成就惊人。到 1983 年，深圳的工农业总

建立深圳等经济特区

产值比 1978 年增长了 11 倍，和外商签订了 2500 多个经济合作协议，成交额 18 亿美元，引进设备 2500 多台。不过四年时间，这个昔日只有十几家手工业作坊的荒凉小镇，就变成了高楼大厦矗立、基础设施完备的初具规模的现代化城市。这新奇的变化，强烈吸引着外资的流入和外商的到来。同时，作为中国的一种新事物，也引起了一些人的疑虑和担忧，有人联想起旧中国的租界，对特区的性质产生了疑问或动摇。特别是 1982 年发生了沿海走私和经济犯罪活动的干扰后，经济特区遇到了种种责难和攻击。在这关键时刻，邓小平给予了及时而有力的支持。1984 年 1 月 24 日至 2 月 15 日，邓小平先后视察了深圳、珠海、厦门和上海宝山钢铁总厂，并相继为深圳、珠海、厦门特区题词。回到北京后，他专门就办好特区和增加开放沿海城市问题同中央几位负责同志谈话，指出："我们建立经济特区，实行开放政策，有个指导思想要明确，就是不是收，而是放。""特区是个窗口，是技术的窗口，管理的窗口，知识的窗口，也是对外政策的窗口。""除现在的特区之外，可以考虑再开放几个港口城市，如大连、青岛。"根据邓小平的意见，中央书记处和国务院于 1984 年 3 月召开了沿海部分城市工作座谈会，5 月，中央正式决定，再开放沿海十四个港口城市，即：大连、秦皇岛、天津、烟台、青岛、连云港、南通、上海、宁波、温州、福州、广州、湛江、北海。

在种种阻力面前，党的对外开放方针没有动摇，特区建设没有停步，新的对外开放格局正开始形成。

在经济体制改革逐步展开的同时，政治体制改革也提上日程。在 1980 年 8 月的中央政治局扩大会议上，邓小平发表了《党和国家领导制度的改革》的重要讲话，深刻分析了党和国家领导制度中的主要弊端，充分论证了政治体制改革的必要性，明确了改革方向。邓小平还为党的干部队伍建设提出了革命化、年轻化、知识化、专业化的要求。这"四化"要求后来成为全党培养和选拔接班人的标准。

8月31日，中央政治局高度评价了这篇讲话。它实际上成为我国政治体制改革的纲领。按照中央部署，我国的政治体制改革逐步展开，并首先在克服权力过分集中、废除实际存在的领导职务终身制、实现干部队伍年轻化等方面取得了进展。

1980年，在五届全国人大三次会议上，邓小平、陈云、李先念、徐向前、聂荣臻、刘伯承等一批老同志主动辞去了自己所兼任的国务院副总理或全国人大常委会副委员长的职务。1982年2月，党中央作出《关于建立老干部退休制度的决定》，7月，党中央决定设立顾问委员会，作为废除领导职务终身制的过渡办法。同时，一批年富力强的同志相继走上党中央和国务院的领导岗位。

全面改革

    1982 年 9 月 1 日到 11 日，中国共产党第十二次全国代表大会在北京召开。出席大会的正式代表 1545 人，候补代表 145 人，代表着中国共产党 3900 多万党员。

    邓小平在大会上致开幕词时，第一次提出了"建设有中国特色的社会主义"重大命题。他说："把马克思主义的普遍真理同我国的具体实际结合起来，走自己的道路，建设有中国特色的社会主义。这就是我们总结长期历史经验得出的基本结论。"从此，建设中国特色社会主义，就成为我国改革开放和社会主义现代化建设的主题和主线。

    胡耀邦代表党中央在大会上作了《全面开创社会主义现代化建设的新局面》的报告。报告总结了十一届三中全会以来的历史性伟大转变，提出了党在新时期的总任务，即：团结全国各族人民，自力更生，艰苦奋斗，逐步实现工业、农业、国防和科学技术的现代化，把我国建设成为高度文明、高度民主的社会主义国家。

    在开创新局面的各项任务中，首要的是经济建设。报告提出，到本世纪末，我国经济建设总的奋斗目标是：在不断提高经济效益的前提下，力争使全国工农业的年总产值翻两番，即由 1980 年的 7100 亿元增加到 2000 年的 28000 亿元左右，使人民的物质文化生活达到小康水平。在部署上要分两步走：前十年主要是打好基础，积蓄力量，创造条件，后十年要进入一个新的经济振兴时期。这是党中央全面分析了我国经济情况和发展趋势之后作出的重要决策。

大会通过了新的《中国共产党章程》。根据新党章规定，大会选出了第十二届中央委员会、中央纪律检查委员会和中央顾问委员会。

在农村改革的推动下，我国城市经济体制改革的试点也逐步扩大领域和范围。一是继续推行和完善企业内部的经济责任制，探索充分发挥职工积极性的具体制度和办法。二是从1983年开始，在国营企业逐步推行利改税的改革，将国营企业应当上交的收入，按国家设置的税种以向国家交税的方式上交，由"利税并存"逐步过渡到"以税代利"，税后利润归企业自己安排使用，把国家和企业的分配关系用税的形式固定下来，以解决企业吃国家"大锅饭"的问题。三是国务院先后选择了沙市、常州、重庆、武汉、沈阳、南京、大连等城市进行经济体制综合改革试点，要求这些城市加快步伐探索新的管理体制，并允许一些中心城市实行计划单列。这些改革措施，调动了企业和广大职工的积极性，但是也遇到不少困难和问题，其中最主要的是同传统的计划经济体制发生的矛盾和冲突。形势要求党必须进一步解放思想，摆脱传统观念束缚，为加快改革步伐提供新的理论指导和政策支持。

1984年10月20日，中共十二届三中全会在北京举行，讨论通过了《中共中央关于经济体制改革的决定》。这个《决定》突破了把计划经济同商品经济对立起来的传统观点，明确提出我国社会主义经济是"公有制基础上的有计划的商品经济"，强调"商品经济的充分发展，是社会经济发展的不可逾越的阶段，是实现我国经济现代化的必要条件"。《决定》还规定了改革的各项基本方针政策，成为指导经济体制全面改革的纲领性文件。

这个文件的公布和实施，标志着我国原来的计划经济体制开始向有计划商品经济体制转变，实际也是向社会主义体制转变迈出的重要一步。

　　一是在搞活企业方面，充分借鉴农村改革的成功经验，广泛推行承包经营责任制。到 1987 年，全国已有 9270 家国有大中型工业企业实行了多种形式的承包经营责任制。上海第二纺织机械厂 1987 年实行全员承包后，当年便实现利润 24919 万元，比 1986 年增长 19.49%，全员劳动生产率增长 18.83%，创机械行业同类指标的最高纪录。同时，小型企业则广泛采取了租赁制的改革措施，实行所有权与经营权的高度分离。到 1986 年 12 月，全国已有 6 万余家国有商店实行了租赁制。不过，这些承包制也逐渐暴露出一些缺陷，主要是产权不明和责权利关系不确定，容易引起企业的"短期行为"。为此，一些企业在扩大自主权，实行承包经营的基础上，又开始试行股份制，进行产权改革的尝试。1984 年，新中国第一个股份公司——北京天桥百货股份有限公司成立。

新中国第一个股份公司北京天桥百货股份有限公司成立

几个月后，上海飞乐音响公司、上海豫园商场也试行股份制，向社会公开发行股票。其中飞乐音响的股票被美国纽约证券交易所作为中国第一张比较规范的股票样品摆进了陈列室。股份制的试行，不仅开辟了民间融资和吸引外资的渠道，而且也规范了投资各方的权利、义务，有效地转变了企业经营机制，对搞活国有大中型企业的积极作用已初见端倪。

　　二是适应发展有计划商品经济的要求，改变过去比较单一的所有制结构，积极培育社会主义市场体系。十二届三中全会后，集体经济、个体经济，以及中外合资、中外合作和外商独资的"三资"企业得到迅速发展。这种变化改善了我国的所有制结构，对于发展经济，方便人民生活起了积极作用。

　　从1984年到1987年，国务院陆续改革了从中央到地方的商品批发体制，把供销社由官办的全民所有制改成民办的集体合作商业；积极发展多功能的贸易中心和批发交易市场；大量增设农贸市场、零售商店、服务网点，拓宽了流通渠道，活跃了城乡经济。1985年，国务院对价格体系进行改革，对粮食棉花实行合同定购，其余农副产品价格逐步放开，实行市场调节；对重要生产资料，计划分配部分价格基本不动，企业自销部分，实行市场调节。由此出现了"双轨制"价格体系，即国家行政定价的平价商品和市场调节价格的议价商品两种价格形式，在有些情况下还有国家指导价作为补充形式。这是由计划经济向市场经济转轨中的过渡性价格形态，是我国改革中的一种特有现象。这种"双轨制"在一段时期对我国的市场发育和经济发展起了促进作用，但由于管理工作跟不上等原因也出现了一些弊病。

　　三是进一步扩大对外开放。1985年1月，中共中央和国务院决定再把长江三角洲、珠江三角洲和闽南厦（门）漳（州）泉（州）三角地区开辟为沿海经济开放区，继而再将辽东半岛、胶东半岛开辟为经济开放区，以加速沿海经济的发展，从而带动内地经济开发。至此，我国从南到北形成了由4个经济特区、14个沿海开放城市、3个开放的三角洲和三角地区、2个开放的半岛构成的辽阔的开放地带。

在1983年全国已经普遍实行家庭联产承包制的基础上，1984年1月1日，中共中央又发出第三个关于农村改革的"一号文件"，要求将土地承包期一般延长到十五年以上，以鼓励农民增加投资，培养地力，实行集约经营。各种专业人才有了发挥专长的可能，一批有文化、有技术、有经营能力的专业户、重点户很快涌现出来。1985年1月1日发出的《关于进一步活跃农村经济的十项政策》，提出了改革农产品统购派购制度，在国家计划指导下，扩大市场调节，促进农村产业结构合理化的任务。以此为标志，我国农村开始了以改革农产品统购派购制度、调整产业结构为主要内容的第二步改革。1986年1月1日，中共中央和国务院在关于农村工作的部署中肯定了农村第二步改革的方针政策，要求继续深入改革，改善农业生产条件，推动农村经济持续稳定协调发展。

家庭联产承包制的推行和农村产业结构的调整，为大批劳动力从农业解放出来并转向第二、第三产业提供了条件，于是，以集体经营为主并有个体、私人经营的乡镇企业迅速发展起来。1984年到1988年，乡镇企业平均每年增长50%以上。1987年乡镇企业的产值达到4764亿元，已占农村社会总产值的50.4%。这是农村经济的一个历史性大变化，是中国农民的又一个伟大创造，为农村剩余劳动力从土地上转移出来，为农村致富和逐步实现现代化，促进整个经济的改革和发展，开辟了一条新路。

在全面推进改革开放和经济建设的同时，社会主义精神文明建设也不断得到加强。党的十二大提出了建设高度文明、高度民主的社会主义国家的奋斗目标。在全社会开展了"五讲四美三热爱"活动，进行了做"四有"新人的教育，一大批具有时代特点的英雄模范人物涌现出来。

与此同时，在社会主义民主和法制建设方面，以 1982 年五届全国人大五次会议通过的新的《中华人民共和国宪法》为依据，逐步制定和完善了各项基本法律；普遍成立了村民委员会这一群众自治组织，扩大了人民民主；开展了依法严厉打击经济犯罪和刑事犯罪的斗争；在全社会广泛开展了普法教育；保障了改革开放和现代化建设的顺利进行。此外，党还克服了资产阶级自由化思潮的干扰，维护了安定团结的政治局面。

1982 年新宪法

在领导改革开放和现代化建设的同时，党注意加强了自身建设。从 1983 年 10 月到 1987 年春，全党分三期进行了整党。经过这次整党和对错误倾向的批判，全党在思想、作风、纪律、组织四个方面有了进步，同时积累了一些在新形势下正确处理党内矛盾、加强党的建设的重要经验。

1986 年 9 月 28 日，中共十二届六中全会回顾和讨论了几年来精神文明建设的成就和面临的问题，通过了《中共中央关于社会主义精神文明建设指导方针的决议》。

其他领域的改革也相继迈出步伐。1985 年 3 月，《中共中央关于科学技术体制改革的决定》公布实施。根据《决定》要求，从同年 4 月开始，我国陆续开放了科技市场；允许流通环节中多种所有制共存；

改革科技管理体制，促进科研与生产紧密结合。5月，中共中央、国务院批准实施促进科技振兴农业的"星火计划"，推动科学技术与农村经济紧密结合。1986年3月3日，王大珩、王淦昌等四位科学家上书中共中央，提出发展高技术的建议。这一建议后来被称为"863计划"，并于11月得到中共中央、国务院的正式批准，开始启动实施。

1985年5月，《中共中央关于教育体制改革的决定》颁布实施。通过改革，调动和发挥了地方和社会各界办教育的积极性，初步调整了中等教育结构，扩大了高等学校办学自主权，发展了成人教育，为教育事业的发展注入了活力。

随着国际形势的发展变化和我国外交工作新局面的出现，国防建设的重点也根据国家建设的大局进行了调整，实现了国防建设指导思想的战略性转变，即军队建设服从国家建设的大局，积极支援和参加国家的现代化建设。1985年6月，我国政府宣布减少军队员额100万。

与此同时，祖国的统一大业也有了实质性进展。经过多轮谈判，1984年12月19日，中英两国政府终于正式签署了关于香港问题的联合声明，宣布中国政府将于1997年7月1日对香港恢复行使主权。"一

中英联合声明

国两制"的构想得到实施。

1987 年 10 月 25 日至 11 月 1 日，中国共产党第十三次全国代表大会在北京召开。大会第一次提出了我国正处于社会主义初级阶段的理论，明确了党在社会主义初级阶段的基本路线。大会提出了"三步走"的经济发展战略：第一步，实现国民生产总值比 1980 年翻一番，解决人民的温饱问题；第二步，到本世纪末，使国民生产总值再增长一倍，人民生活达到小康水平；第三步，到下个世纪中叶，人均国民生产总值达到中等发达国家水平，人民生活比较富裕，基本实现现代化。

大会高度评价了十一届三中全会以来党在总结正反两方面经验和研究国际经验及世界形势的基础上，开始找到的建设有中国特色社会主义的道路，认为它是在党的历史上把马克思主义与我国实践相结合的两次历史性飞跃中的第二个历史性飞跃，开辟了中国社会主义建设的崭新阶段。大会还从指导思想、历史阶段、根本任务、发展动力、必要条件、总体布局、国际环境等方面勾画了建设有中国特色社会主义理论的轮廓。大会还对《中国共产党章程》的部分条文作了修正，选举产生了新的中央委员会、中央顾问委员会和中央纪律检查委员会。

从 1984 年到 1988 年的五年间，在改革开放全面开展的推动下，我国的经济建设经历了一个加速发展的飞跃时期，展现了农业和工业、农村和城市、改革和发展相互促进的生动局面，国民经济和综合国力都上了一个台阶，从而为改革的深化和战胜可能遇到的困难奠定了必要的物质基础。

治理整顿

20 世纪 80 年代中期以后，生产、建设、流通领域均发生了不同程度的混乱现象。特别是在流通领域，混乱现象已非常严重。一些官商不分的公司利用价格双轨制从流通中转手倒卖重要生产资料，牟取暴利，严重扰乱了经济秩序，引起人民群众强烈不满。

面对这些矛盾和问题，党的十三大后召开的中央工作会议，确定了稳定经济、深化改革的方针。进入 1988 年，一系列重大改革措施相继出台，其中影响最大的就是价格改革。这年 8 月，中共中央政治局召开第十次全体会议，讨论并通过了《关于价格、工资改革的初步方案》。会议决定将这个方案在党外人士和有关专家中继续征求意见。但始料未及的是，方案通过的消息一经传开，立即引起一场几乎波及各大中城市的凶猛的抢购风潮。

为此，从 8 月底开始，党中央和国务院采取一系列措施治理经济环境，整顿经济秩序。9 月 26 日至 30 日，中共中央召开十三届三中全会，批准了中央政治局提出的治理整顿的指导方针和政策措施。全会确定，在坚持改革开放总方向的前提下，把 1989 年和 1990 年两年改革和建设的重点突出地放到治理经济环境和整顿经济秩序上来，以扭转物价上涨幅度过大的态势，创造理顺价格的条件，使经济建设持续、稳步、健康地发展。会后，治理整顿工作逐步展开。

第一步的重点是压缩投资需求和消费需求，为过热的经济降温。为此，国务院采取了一系列措施，加强了对物价的调控和管理。经过一年左右的治理整顿，取得了明显效果。1989 年物价上涨的幅度明显低于 1988 年。不过，以压缩社会需求为重点的治理整顿，由于刹车过猛，也带来一些负面效应，主要是市场疲软、企业效益下滑。根据这一情况，中央对于治理整顿的侧重点和压缩力度及时作了调整，治理整顿也开始进入新的阶段。

1989 年 6 月 23 日至 24 日，党中央召开十三届四中全会，总结北京政治风波的教训。江泽民在会上旗帜鲜明地宣布：“这次中央领导核心作了一些人事调整，但是，党的十一届三中全会以来的路线和基本政策没有变，必须继续贯彻执行。在这个最基本的问题上，我要十分明确地讲两句话：一句是坚定不移，毫不动摇；一句是全面执行，一以贯之。”

1989 年 9 月 4 日，邓小平给中央政治局写信，正式提出了辞去中共中央军事委员会主席职务的请求。11 月 6 日至 9 日，中共十三届五中全会召开，讨论通过了《中国共产党十三届五中全会关于同意邓小平同志辞去中共中央军事委员会主席职务的决定》。全会在充分酝酿的基础上，决定江泽民为中共中央军事委员会主席，杨尚昆为第一副主席，刘华清为副主席。十三届四中全会后，以江泽民为核心的新的中央领导集体总结和吸取了以往的经验教训，加强党的建设和思想政治工作。

在平息了政治风波、稳定了社会局面后，党中央继续把一度被延误的治理整顿、深化改革的工作提上重要日程。1989 年 11 月，中共十三届五中全会通过了《中共中央关于进一步治理整顿和深化改革的决定》，提出包括 1989 年在内，用三年或者更长一点的时间，努力缓解社会总需求超过社会总供给的矛盾，逐步减少通货膨胀，使国民经济基本转上持续稳定协调发展的轨道，为到本世纪末实现国民生产总值翻两番的战略目标打下良好的基础。

在治理整顿的同时，改革开放并没有停步。1988 年 4 月，七届全国人大一次会议通过了设立海南省和建立海南经济特区的决定。海南岛成为我国最大的经济特区。1990 年 4 月，中央和国务院决定在上海浦东实行经济技术开发区和某些经济特区的政策。浦东的开发，成为90 年代我国改革开放进一步深化和取得显著成就的重要标志。

海南经济特区

明确目标
1992.1—1993.11

1992.1.18-2.21
邓小平发表南方谈话。

1992.10.12-18
中共十四大召开,明确我国经济体制改革的目标是建立社会主义市场经济体制。

1993.11.14
中共十四届三中全会通过《关于建立社会主义市场经济体制若干问题的决定》。

宏观调控
1993—1996

1993.4.1
中共中央召开经济情况通报会。

1993.6.24
中共中央、国务院下发《关于当前经济情况和加强宏观调控的意见》。

1996
中国经济实现「软着陆」,进入持续快速稳定增长时期。

发展战略
1994.3—1995.5.6

1994.3
我国发表《中国21世纪人口、环境与发展白皮书》明确提出,中国将实施可持续发展战略。

1995.5.6
中共中央、国务院作出《关于加速科学技术进步的决定》正式提出科教兴国战略。

总结经验
1993.8—1996.10

1993.8.20-25
中央纪委第二次全会在北京召开，部署党风廉政建设和反腐败工作。

1994.12
党和国家领导人开始连续听取有关法律知识讲座。

1995.9.25-28
中共十四届五中全会审议通过《中共中央关于制定国民经济和社会发展『九五』计划和2010年远景目标建议》。

1996.10.7
中共十四届六中全会召开，会议通过《中共中央关于加强社会主义精神文明建设若干重要问题的决议》。

祖国统一
1990.4.4—1999.12.20

1990.4.4
七届全国人大三次会议审议通过《中华人民共和国香港特别行政区基本法》并正式颁布，决定1997年7月1日起实施，《基本法》的通过和颁布，标志着香港回归祖国进入后过渡期。

1993.4
大陆海协会会长汪道涵与台湾海基会董事长辜振甫举行会谈，这是在『九二共识』基础上海峡两岸授权的民间团体最高负责人之间的直接会谈。

1997.6.30-7.1
香港政权交接仪式举行。

1999.12.20
澳门政权交接仪式举行。

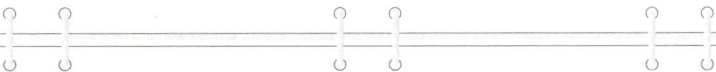

跨越世纪
1997—2001

1997.2.19
邓小平逝世。

1997.9.12-18
中共十五大召开。

1997
亚洲金融危机爆发。

1998.6
长江流域发生大规模洪灾害，全党和全国人民一起众志成城抗洪救灾。

1999.9
中共十五届四中全会提出『国家要实施西部大开发战略』。

2000.2
江泽民提出『三个代表』重要思想。

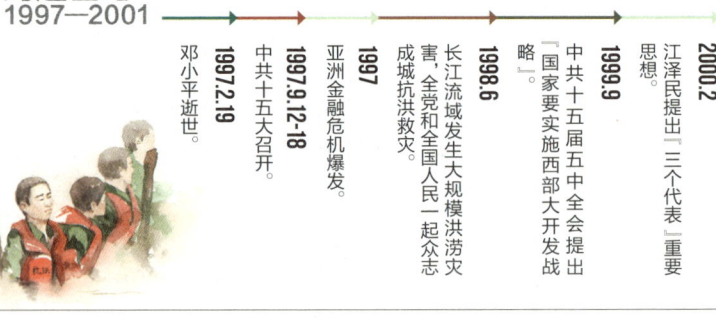

1992

第六章
CHAPTER SIX

市场经济

2001

1992 年初，邓小平发表南方谈话，指出"计划经济不等于社会主义，资本主义也有计划；市场经济不等于资本主义，社会主义也有市场。计划和市场都是经济手段"。10 月，党的十四大明确提出我国经济体制改革的目标是建立社会主义市场经济体制。从此，我国改革开放和现代化建设进入新的阶段。由计划经济体制向社会主义市场经济体制的转变，实现了改革开放新的历史性突破，打开了我国经济、政治和文化发展的崭新局面。到 2000 年，社会主义市场经济体制初步建立，"九五"计划胜利完成。2001 年，国内生产总值接近 9.6 万亿元，比 1989 年增长近两倍，经济总量已居世界第六位。人民生活总体上实现了由温饱到小康的历史性跨越。

明确目标

　　20 世纪 80 年代末 90 年代初，党和国家的发展处于又一个紧要关头。随着东欧国家的剧变，苏联的解体，国际社会主义运动出现低潮，长期以来的东西方两极冷战结束了。世界的这种大变动、大改组，对中国有着巨大的影响。相当一部分干部和群众的思想发生困惑，一些人对社会主义前途缺乏信心，一些人对改革开放提出了姓"社"还是姓"资"的疑问，对党的基本路线产生了动摇。在此关键时刻，1992 年初，

坚持党的基本路线一百年不动摇

邓小平视察南方，发表了南方谈话。

1992年1月18日至2月21日，邓小平先后视察武昌、深圳、珠海、上海等地。视察途中，他多次发表谈话强调，党的基本路线要管一百年，动摇不得。改革开放胆子要大一些，敢于试验。计划多一点还是市场多一点，不是社会主义与资本主义的本质区别。社会主义的本质，是解放生产力，发展生产力，消灭剥削，消除两极分化，最终达到共同富裕。中国要警惕右，但主要是防止"左"。要抓住时机，发展自己，关键是发展经济。发展才是硬道理。必须依靠科技和教育，经济发展才能快一点。要坚持两手抓，一手抓改革开放，一手抓打击各种犯罪活动，两只手都要硬。在整个改革开放过程中必须始终坚持四项基本原则，必须反对腐败，廉政建设要作为大事来抓。中国的事情能不能办好，从一定意义上说，关键在人，说到底，关键是我们共产党内部要搞好。社会主义经历一个长过程发展后必然代替资本主义。这是社会历史发展不可逆转的总趋势。一些国家出现严重曲折，社会主义好像被削弱了，但人民经受锻炼，吸取教训，将促使社会主义向着更加健康的方向发展。我们搞社会主义才几十年，还处在初级阶段。巩固和发展社会主义，需要几代人、十几代人，甚至几十代人坚持不懈地努力奋斗。从现在起到下世纪中叶，将是很要紧的时期，我们要埋头苦干。

这些谈话科学地总结了党的十一届三中全会以来的基本实践和基本经验，从理论上深刻回答了长期困扰和束缚人们思想的许多重大认识问题，是把改革开放和现代化建设推向新阶段的又一个解放思想、实事求是的宣言书。

邓小平的南方谈话正式传达之后，立即在党内外、国内外引起强烈反响和巨大震动。从中央到地方，形成了学习、宣传、贯彻、落实南方谈话精神的热潮。许多人还在新一轮市场大潮的冲击下涌向广东、海南等沿海开放城市寻找发展机会，甚至有的机关工作人员也丢掉"铁饭碗"，辞职"下海"，试图在"商海"一显身手。

在贯彻落实邓小平南方谈话精神的过程中，中央的各项改革措施也随之陆续出台，各地方、各部门的改革步伐进一步加快。中国的改革开放和现代化建设又形成了新的浪潮。

第一，以转换企业经营机制为核心，进一步把企业推向市场。1992 年 6 月 30 日，国务院第 106 次常务会议通过了《全民所有制工业企业转换经营机制条例》。这个文件以搞好国有大中型企业，贯彻落实《中华人民共和国全民所有制工业企业法》为重点，围绕转换企业经营机制，转变政府职能，落实企业经营自主权等方面，有步骤地把企业推向市场。9 月 28 日，中共中央、国务院转发了这个文件。

第二，积极推进综合改革，逐步缩小指令性计划。1992 年 6 月，国家科委、国家体改委在北京、沈阳、武汉、重庆、中山等市的五个开发区，进行综合改革试点，以产权制度、分配制度、科技人才分流、计划管理与市场调节相结合等为重点，大胆进行改革试验。6 月 16 日，中共中央、国务院作出《关于加快发展第三产业的决定》。同时，财政部决定从 1992 年起，在浙江、辽宁、新疆、天津，以及武汉、青岛、大连、沈阳、重庆九个省、市、自治区率先进行分税制改革，按税种划分中央和地方收入来源，以取得经验，再行推广。9 月，国家计委宣布，从 1993 年起，国家指令性计划指标将减少一半，国家计委直接管理的工农业出口计划指标将减少三分之一以上。同时加强政策协调，使计划更好地面向市场，发挥国家计划的宏观调控作用。

第三，进一步开放沿海、沿边、沿江和省会城市，形成多层次、全方位的开放格局。为了进一步支持上海浦东新区的开发开放，1992

年初，中央给上海扩大了一些项目的审批权，同时给予上海一些配套资金筹措权。3月，国务院批准海南省吸收外商投资，开放建设 30 平方公里土地的洋浦经济开发区，实行封闭式管理，在区内实施保税区的各项政策措施。与此同时，国务院批准黑河、绥芬河、珲春和满洲里作为边境地区的开放城市。3月中旬，国务院批准在温州设立经济开发区，这是对温州经济发展的肯定与支持。5月，继上海、天津、深圳设立保税区后，国务院又决定兴建大连、广州保税区。山东、浙江、江苏、福建等沿海省份也开始筹建保税区。保税区实行比经济特区更加灵活、优惠的政策，按照国际惯例运行。6月，国务院又批准近 60 个市、县、镇列入对外国人开放的地区。其中南宁和昆明将实行沿海开放城市的政策。同月，国务院决定开放长江沿岸的芜湖、九江、岳阳、武汉、重庆五个内陆城市，长江沿岸 10 个主要中心城市已全部对外开放。

1992 年 10 月 12 日至 18 日，中国共产党召开第十四次全国代表大会。大会正式代表 1989 人，代表全国 5100 多万党员。大会通过了江泽民作的《加快改革开放和现代化建设步伐，夺取有中国特色社会主义事业的更大胜利》的报告，通过了关于《中国共产党章程（修正案）》的决议，选举了新一届中央委员会和中央纪律检查委员会。

这次大会作出三项具有深远意义的决策：一是确立邓小平建设有中国特色社会主义理论在全党的指导地位。二是明确我国经济体制改革的目标是建立社会主义市场经济体制。三是要求全党抓住机遇，加快发展，集中精力把经济建设搞上去。

大会决定不再设立中央顾问委员会。从党的十二大到十四大，中央顾问委员会协助党中央，为维护党的团结和社会稳定，推进改革开放和现代化建设，做了大量卓有成效的工作，为党、国家和人民建立了历史性功绩，出色地完成了自己的使命。

党的十四届一中全会选举江泽民、李鹏、乔石、李瑞环、朱镕基、刘华清、胡锦涛为中央政治局常委，江泽民为中央委员会总书记；决定江泽民为中央军事委员会主席；批准尉健行为中央纪律检查委员会书记。

以邓小平南方谈话和党的十四大为标志，中国社会主义改革开放和现代化建设事业进入新的发展阶段。

1993年3月，中共十四届二中全会通过了《关于调整"八五"计划若干指标的建议》，建议将国民经济增长速度由原定的6%调整到8%～9%，以保证党的十四大提出的到本世纪末使国民经济整体素质和综合国力迈上一个新台阶，国民生产总值超过原定比1980年翻两番的目标。

在同月召开的八届全国人大一次会议上，批准了这一建议。李鹏在会上作的《政府工作报告》中指出：今后五年经济建设方面的任务是全面贯彻党的十四大精神，抓住机遇，加快改革开放和现代化建设步伐，依靠优化结构、技术进步和改善管理，提高经济效益，努力保持社会供求总量基本平衡，使国民经济再上一个新的台阶。这次会议选举江泽民为国家主席、中央军委主席；乔石为全国人大常务委员会委员长；决定李鹏为国务院总理。

经过党的十四大以后的初步实践，党内外多数同志对建立社会主义体制的总体框架有了进一步的认识。在这种情况下，1993年11月14日，中共十四届三中全会通过了《关于建立社会主义市场经济体制若干问题的决定》。这个《决定》是根据邓小平同志建设有中国特色社会主义的理论和党的十四大精神，把十四大提出的经济体制改革的目标和基本原则加以具体化，在某些方面有进一步发展，制定了社会主义体制的总体规划。这是我们在 90 年代进行经济体制改革的行动纲领。

《决定》公布以后，市场化改革的步伐进一步加快。其表现是：

在财税制度方面，实行了分税制。将各种收入分为中央财政固定收入、地方财政固定收入、中央和地方共享收入，并相应地对税收征管体系进行了调整，从而建立了中央与地方规范的分配关系。

在汇率方面，采取并轨制。实行普遍的银行结汇售汇制，消除外汇双重汇率，实行人民币牌价与外汇调剂市场价并轨，建立起以市场供求关系为基础的单一浮动汇率制度。

在外贸体制方面，适当放开进出口权限，放宽市场的调节作用，并在有些方面自觉与国际惯例接轨；在投资、融资体制方面，进一步强化企业的投资主体地位，在投资、融资领域更多地引入市场竞争机制；在价格管理体制方面，适当放开一些价格管制，使有些商品的价格随市场浮动。

此外，随着社会主义体制的推行，还相应地颁布了一系列法规，从而在市场作用的有序化方面进行了有益的探索。这些法律和法规，对市场主体和产业部门提出了各种不同要求的规范，尽管这些规范还不够完善，但对市场的有序化发展还是起到了积极作用的。

宏观调控

　　党的十四大以后，随着市场化改革步伐的进一步加快，新一轮改革大潮迅速兴起，给整个国民经济带来了蓬勃发展的良好势头。从经济长势来看，1992 年，国内生产总值比上年增长 14.2%，1993 年比 1992 年增长 13.5%，1994 年又比 1993 年增长 12.6%；全社会固定资产总额 1992 年比上年增长 44.4%，1993 年比 1992 年增长 61.8%，1994 年又比 1993 年增长 30.4%；全国财政收入 1992 年比上年增长 10.6%，1993 年比 1992 年增长 24.8%，1994 年又比 1993 年增长 20%。

　　然而，增长速度虽然较快，但是由于经济增长主要不是依靠技术进步而是依靠高投入实现的，因而从 1992 年下半年开始，经济生活中便显露出失衡的苗头，到 1993 年上半年经济过热和通货膨胀的现象就更加突出起来。一是货币投放过量，金融秩序混乱。二是投资需求和消费需求都出现膨胀的趋势。三是财政困难状况加剧。四是由于工业增长速度日益加快，基础设施和基础工业的"瓶颈"制约进一步加大。五是出口增长乏力，进口增长过快，国家外汇结存基本无增长。六是物价上涨过快，通货膨胀呈现加速之势。

　　上述情况表明，宏观经济环境已经失衡，有些矛盾和问题还在继续发展。对此，中共中央及时抓住苗头，以积极态度采取了疏导的方针。

1993 年 4 月 1 日，中共中央召开的经济情况通报会要求各地全面、正确、积极地贯彻邓小平几次谈话的精神，坚持解放思想和实事求是的统一，做到既加快发展，尽力而为，又从实际出发，量力而行，避免大的起伏，避免大的损失，把经济发展的好势头保持下去。

5 月 9 日至 11 日，江泽民在上海主持召开的华东六省一市经济工作座谈会上讲话时提出：要把加快发展的注意力集中到深化改革、转换机制、优化结构、提高效益上来。5 月 19 日，江泽民给国务院领导同志写信，强调要抓紧时机解决当前经济工作中存在的一些问题，否则，解决问题的时机就会稍纵即逝，倘若问题积累，势必酿成大祸。此外，在研究推进投资、财税、金融等方面的改革时，中央都提出了加强宏观管理的要求。

为落实中央的一系列重要指示，在国务院副总理朱镕基主持下，国家计委组织 7 个部门奔赴全国 14 个地区展开调查，并会同国家财政部、中国人民银行起草了加强宏观调控的 16 条意见。

从 1993 年 5 月下旬至 6 月初，中央连续召开会议，研究解决经济过热、加强宏观调控的措施。6 月 24 日，中共中央、国务院下发了《关于当前经济情况和加强宏观调控的意见》，即中共中央 1993 年第六号文件。《意见》以实行适度从紧的财政货币政策、整顿金融秩序为重点，提出了加强和改善宏观调控的 16 条措施，同时指出在解决问题时需要注意把握三点：一是要统一思想认识，坚持从全局出发，从长远的持续发展出发，协调行动步伐，处理好局部与全局的关系；二是要着眼于加快改革步伐，采用新思路、新办法，从加快新旧体制转换中找出路，把改进和加强宏观调控、解决经济中的突出问题，变成加快改革、建立社会主义体制的动力；三是主要运用经济办法，也要采取必要的行政手段和组织措施。

为贯彻落实《意见》提出的 16 条措施，中共中央和国务院在 7 月间连续召开了全国金融工作会议和全国财政、税务工作会议。

在全国金融工作会议上，朱镕基要求以中央六号文件来统一金融系统的认识，落实中央关于当前经济工作的重要决策。对此，他强调要统一三个方面的认识：（一）强化宏观调控，防止经济过热，是当前迫在眉睫的任务；（二）整顿金融秩序是强化宏观调控的重要方面；（三）强化宏观调控，不是实行全面紧缩，而是进行结构调整。

为了落实好宏观调控的任务，他还向银行系统领导干部提出了"约法三章"：第一，立即停止和认真清理一切违章拆借，已违章拆出的资金要限期收回；第二，任何金融机构不得擅自或变相提高存贷款利率；第三，立即停止向银行自己兴办的各种经济实体注入信贷资金，银行要与自己兴办的各种经济实体彻底脱钩。

在全国财政、税务工作会议上，朱镕基又提出了"整顿财税秩序，严肃财经纪律，强化税收征管，加快财税改革"的四句话要求。同时他还代表中共中央和国务院宣布：中央已经决定，从 1994 年 1 月 1 日开始，在全国全面推行财税体制改革，不搞试点。为此，他向财政、税务战线上的全体职工也提出了"约法三章"，即：第一，严格控制税收减免；第二，要严格控制财政赤字，停止银行挂账；第三，财税部门及所属机构，未经人民银行批准，一律不准涉足商业性金融业务，所办公司要限期与财税部门脱钩。

中央除了在上述金融、财政、税务等方面采取积极的措施以外，还从以下几个方面着手对经济发展实行宏观调控：

一是正确处理速度和效益的关系，注意克服以往只注重速度不注重效益的倾向，把速度和效益同时摆上重要位置。

二是积极引导企业实施两个根本转变。1995 年 9 月召开的中共十四届五中全会明确提出了两个具有全局意义的根本性转变：其一是从传统计划经济体制向社会主义体制转变，其二是经济增长方式从粗放型向集约型的转变。两个转变的基本要求是，从主要依靠增加投入、铺新摊子、追求数量，转到主要依靠科技进步和提高劳动者素质上来，转到以经济效益为中心的轨道上来。

三是实施正确的产业政策。这是国家对经济实行有效的宏观调控的必要条件。1994年3月25日国务院第十六次常务会议审议通过的《九十年代国家产业政策纲要》中，明确提出了制定国家产业政策的原则，这就是：（一）符合工业化和现代化进程的客观规律，密切结合我国国情和产业结构变化的特点；（二）符合建立社会主义体制的要求，充分发挥市场在国家宏观调控下对资源配置的基础性作用；（三）突出重点，集中力量解决关系国民经济全局的重大问题；（四）要具有可操作性，主要通过经济手段、法律手段和必要的行政手段保证产业政策的实施，支持短线产业和产品的发展，对长线产业与产品采取抑制政策。

随着宏观调控措施的有力贯彻和对改革、发展、稳定重大关系的处理，到1996年底，中国经济终于成功地实现了"软着陆"，从而进入了持续快速稳定增长的时期。

发展战略

在改革开放和现代化建设实践的推动下，经邓小平的一再倡导和党的第三代中央领导集体的不懈努力，科教兴国战略逐渐得以确立。

1995 年 5 月 6 日，中共中央、国务院作出《关于加速科学技术进步的决定》，首次明确提出实施科教兴国战略的问题。按照中央的解

科教兴国

释，所谓"科教兴国，是指全面落实科学技术是第一生产力的思想，坚持教育为本，把科技和教育摆在经济、社会发展的重要位置，增强国家的科技实力及向现实生产力转化的能力，提高全民族的科技文化素质，把经济建设转移到依靠科技进步和提高劳动者素质的轨道上来，加速实现国家的繁荣强盛"。

5月26日，中共中央、国务院在北京召开全国科学技术大会，对科教兴国战略作出了全面部署。江泽民在大会上指出："这次大会的主要目的，就是为了动员全党、全国各族人民，全面落实邓小平科学技术是第一生产力的思想，认真贯彻《决定》精神，在全国形成实施科教兴国战略的热潮。"

科教兴国战略在改革开放和社会主义现代化建设中得到落实，并取得了显著成效。其集中表现就是高新技术得到迅猛发展和科技成果转化率的日益提高。

就高新技术的发展来看，"863"计划和"火炬"计划均已取得显著效果，并且在一些高科技领域的研究上，已取得了一大批有重大突破和达到国际先进水平的成果，有的已经或正在被开发成高技术产品。中国已有了自己的正负电子对撞机、重离子加速器和同步辐射实验室，而"银河"巨型计算机的研制成功，水下导弹、"长征二号"大力捆绑式火箭、"亚洲一号"通信卫星等高科技成果研制成功与成功发射，也已表明中国在高能物理、计算机技术、运载火箭技术、卫星通信技术等方面有了新的突破。国家现已相继批准建立了52个国家级高技术产业开发区，高技术成果商品化、高技术商品产业化、高技术产业国际化的体系正在逐步形成。

从科技成果的转化率来看，"八五"期间全国取得的3万项重大科技成果已有2.5万项转化为生产力。从1992年到1996年，成果转化和技术市场的发育已形成了互动的局面。

可持续发展，是当今国际社会普遍关注的重大问题。保护生态环境，实现可持续发展，已成为全球紧迫而艰巨的任务。1992 年，联合国在里约热内卢召开环境与发展大会。中国政府对此高度重视，李鹏总理率团参加，并承诺要认真履行会议所通过的各项文件。这次大会后不久，中国政府即提出了促进中国环境与发展的"十大对策"。

国务院环境保护委员会在 1992 年 7 月召开的第二十三次会议上，即决定由国家计划委员会和国家科委等部门组织编制《中国二十一世纪议程——中国二十一世纪人口、环境与发展白皮书》（简称《中国二十一世纪议程》）。经多方努力，该《议程》于 1993 年 4 月完成第一稿，共 40 章，120 万字，初步形成了人口、经济、社会、资源、环境等各方面的可持续发展战略、政策和行动框架。《议程》草案经多次修改后，于 1994 年 3 月由国务院常务会议讨论通过。

《中国二十一世纪议程》作为中国发展问题的指导性文件，它形成以后即开始贯彻落实，其实施过程具体表现为：

第一，在各级的国民经济和社会发展"九五"计划及 2010 年远景目标中体现可持续发展思想。1994 年 9 月起，国家计委、国家科委组织有关部门和专家，开展了将《中国二十一世纪议程》纳入国民经济和社会发展计划的研究及培训项目，培训了近 300 名国务院有关部门和各省、市、自治区计划、科技部门的干部，完成了研究报告，为在《国民经济和社会发展"九五"计划和 2010 年远景目标纲要》中，体现可持续发展思想和提出可持续发展战略奠定了基础，做了理论上的准备。

第二，广泛开展《中国二十一世纪议程》优先项目的国际合作。中国政府与国际组织和外国政府在环境与发展领域的国际合作日益加强，外国企业在中国也觅到了许多感兴趣的合作机会。一批有关环境和发展方面的合作项目正在实施，有的项目已经完成。这些项目有力地促进了中国可持续发展战略的落实。其中，澜沧江—湄公河次区域合作项目进展较快；江西省山江湖的区域开发项目不仅得到国际社会的极大支持，并且已促使当地人在观念上发生了极大的变化；黄河三角洲项目开展顺利，山东省为此成立了领导小组；中国可持续发展网络项目已正式启动，该项目的实施将有力推动中国的信息共享。

总结经验

　　在深化改革、扩大开放，推动国民经济快速健康发展的进程中，中共中央从 1993 年起即着手进行"九五"计划和 2010 年远景目标的拟定工作。

　　1995 年 9 月 25 日至 28 日在北京召开的中共十四届五中全会，审议并通过了《中共中央关于制定国民经济和社会发展"九五"计划和 2010 年远景目标的建议》。《建议》提出，"九五"期间，国民经济和社会发展的主要奋斗目标是：全面完成现代化建设的第二步战略部署，到 2000 年，在我国人口将比 1980 年增长 3 亿左右的情况下，实现人均国民生产总值比 1980 年翻两番；基本消除贫困现象，人民生活达到小康水平；加快现代企业制度建设，初步建立起社会主义体制。2010 年的主要奋斗目标是：实现国民生产总值比 2000 年翻一番，使人民的小康生活更加富裕，形成比较完善的社会主义体制。

　　9 月 28 日，江泽民在全会闭幕时发表重要讲话。他指出，为切实完成"九五"计划和 2010 年远景目标的规划，要正确处理社会主义现代化建设中的若干重大关系，即改革、发展、稳定的关系；速度和效益的关系；经济建设和人口、资源、环境的关系；第一、二、三产业的关系；东部地区和中西部地区的关系；市场机制和宏观调控的关系；公有制经济和其他经济成分的关系；收入分配中国家、企业和个人的关系；扩大对外开放和坚持自力更生的关系；中央和地方的关系；国防建设和经济建设的关系；物质文明建设和精神文明建设的关系。江泽民强调，能否处理好这些关系，对于我国现代化建设的成败事关重大。这十二大关系，是对中国改革开放和现代化建设规律的系统概括和总结。

社会主义，说到底就是法制经济。从 1994 年 12 月开始，江泽民等党和国家领导人连续听取有关法律知识的讲座。1996 年 2 月，江泽民提出了依法治国、建设社会主义法治国家的奋斗目标。这个目标在随后召开的党的十五大和九届全国人大一次会议上得到了确认。

在加速由计划经济向社会主义体制转轨的过程中，一些与社会主义不相容的消极腐败现象也随之产生。为此，中共中央决定从反腐倡廉方面入手，加强党的建设，以确保改革开放和社会主义现代化建设事业的顺利进行。1993 年 8 月 20 日至 25 日，中纪委第二次全体会议在北京召开。这次会议提出了近期加强反腐败斗争，推进党风廉政建设要着重抓好的三方面的工作：一是加强对各级党政机关领导干部廉洁自律情况的监督检查；二是集中力量查办一批大案要案；三是狠刹几股群众反映最强烈的不正之风。

此后不久，中共中央、国务院又于 10 月 5 日作出《关于反腐败斗争近期抓好几项工作的决定》，提出了党政机关县（处）级以上领导干部廉洁自律的五条规定。为落实中共中央、国务院的决定，中纪委、中组部、监察部于 10 月 8 日制定了《关于党政机关县（处）以上领导干部廉洁自律"五条规定"的实施意见》。此后，中纪委还多次召开会议，研究贯彻落实。

为使反腐倡廉工作抓紧抓实，自 1993 年起，国务院每年召开一次反腐败工作会议，专门研究部署当年的反腐败斗争。一是加强了廉洁

反腐败

自律工作的监督检查。二是查处了一批贪污腐化方面的大案要案。其中查处的大案要案主要有北京市委陈希同、王宝森违纪违法案，广东省原人大副主任欧阳德受贿案，中国民航总局原副局长边少敏收受非法所得案等数十起。

在此基础上，中共中央还针对新形势下党员干部队伍中出现的新情况、新问题制定了相应的党风廉政建设的法规和制度。1992 年到 1997 年上半年，中共中央政治局通过一系列条例、准则和规定，其中十四届四中全会于 1994 年 9 月 28 日通过的《中共中央关于加强党的建设几个重大问题的决定》，将党的建设作为一项"新的伟大工程"提到全党的面前，以引起全党的重视。1997 年 9 月 27 日，中共中央发布《中国共产党纪律处分条例（试行）》，1998 年 3 月 28 日，中共中央印发《中国共产党党员领导干部廉洁从政若干准则（试行）》。这两个文件的发布，使党的建设在制度化、法制化的轨道上不断前进。

以江泽民为核心的第三代中央领导集体，继续坚持关于"两手抓，两手都要硬"的方针，从多方面加强社会主义精神文明建设。党的十四大把社会主义精神文明建设作为建设有中国特色社会主义的一个主要任务加以强调，指出以"有理想、有道德、有文化、有纪律"为目标，建设社会主义精神文明，应作为 90 年代改革和建设的一项主要任务。1995 年中共十四届五中全会进一步阐明："在任何情况下，都不能以牺牲精神文明为代价来换取经济的一时发展。"

为了推进社会主义精神文明建设，1992 年以后，还在全国深入持久地开展了爱国主义教育、民主和法制教育、加强党风和廉洁从政教育。全国先后涌现出一大批体现时代特色、反映时代精神的先进典型，如孔繁森、徐洪刚、李国安、徐虎、李素丽、吴天祥、王启民、吴金印等。

中共中央于 1996 年 10 月 7 日至 10 日召开十四届六中全会，主要讨论了思想道德和文化建设方面的问题。会议通过了《中共中央关于加强社会主义精神文明建设若干重要问题的决议》。为加强对精神文明建设的协调和指导，中共中央于 1998 年 5 月 26 日成立了精神文明建设指导委员会。各省、自治区、直辖市也建立了相应机构。

面对世界新的军事革命的严峻挑战，以江泽民为核心的中共中央、中央军委审时度势，制定了人民解放军新的战略指导方针，提出了"政治合格、军事过硬、作风优良、纪律严明、保障有力"的总要求，军事准备的基点要放在打赢现代化条件，特别是高技术条件下的局部战争上，实现人民解放军建设由数量规模型向质量效能型、由人力密集型向科技密集型的转变，走有中国特色的精兵之路。

在致力于改革开放和现代化建设的同时，中国对外关系也取得一定进展。同发展中国家的关系进一步巩固，与大国和发达国家的关系逐步改善和发展，多边外交取得显著成效。特别是 1996 年 4 月，中俄两国在睦邻友好的基础上，双方进而又宣布建立"平等信任、面向 21 世纪的战略协作伙伴关系"。

祖国统一

完成祖国统一大业，是中华民族的根本利益所在，是全中国人民包括台湾同胞、港澳同胞和海外侨胞在内的共同心愿。

进入改革开放和社会主义现代化建设的新时期以后，中共中央把祖国统一大业提上了日程。邓小平从中国的历史和现实出发，创造性地提出了"一国两制"的伟大构想。按照这一构想，中国政府推动了香港、澳门回归祖国的进程。

中英联合声明签署以后，中国政府即着手起草《中华人民共和国香港特别行政区基本法》。1985年4月10日，六届全国人大三次会议作出关于成立中华人民共和国香港特别行政区基本法起草委员会的决定。同年7月1日，《基本法》起草委员会正式成立并开始工作。经过近五年的努力，《基本法》起草工作如期完成。1990年4月4日，七届全国人大三次会议审议通过了《中华人民共和国香港特别行政区基本法》，并正式颁布，决定1997年7月1日起实施。

这部《基本法》是"一国两制"构想的具体体现。其原则精神是：主体原则；"一国两制"原则；保持香港繁荣稳定的原则；实行港人治港、高度自治的原则。其内容除序言及三个附件外，共9章160条，分别就中央和香港特别行政区的关系，香港居民基本权利、自由和义务，香港特别行政区政府机构的组成、职权和人员，经济、社会和对外事务的制度和政策，以及区旗区徽等作了具体规定。这就把"一国两制"的方针，以法律的形式确定下来。《基本法》的通过和颁布，标志着香港回归祖国进入后过渡期。

然而，香港的后过渡期并不是一帆风顺的。1992年10月，上任不到三个月的第二十八任港督彭定康，对香港的平稳过渡采取不合作的态度。对此，中国政府一方面予以严正驳斥，争取英方回到联合声明的立场上来；一方面又坚持"以我为主"，立足于依靠我们自己的力量和港人的共同参与来实现香港的平稳过渡，并提出了"以我为主，两手准备"的方针。1993年7月2日，全国人大常委会决定成立香港特别行政区筹备委员会预备工作委员会。预委会的成立，标志着中国在香港恢复行使主权的准备工作进入了一个新的阶段。1994年8月31日，全国人大常委会通过决定：按照英方"三违反"方案产生的立法局，于1997年6月30日终止，授权特区筹委会按人大常委会有关决定和基本法的有关规定，组建香港特别行政区第一届立法机构。

在中方的不懈努力下，1995年初，英方终于表示了愿意改善两国关系的愿望，在与中方的合作上采取了比较积极的态度，使一些有关平稳过渡的问题达成协议，受到各方欢迎。

1996年1月26日，由94位香港委员和56位内地委员组成的香港特别行政区筹备委员会在北京宣告成立。筹委会不仅是一个工作机构，而且是一个权力机构，它将负责就筹建香港特别行政区的一切有关事宜作出决策，并组织执行和落实。这标志着中国政府对香港恢复行使主权的准备工作进入了一个新的阶段。1月28日，国务院、中央军委发布公告：中央人民政府驻香港部队组成。同一天，驻港部队在深圳市公开亮相。

1996年8月，推选委员会参选人员开始报名。11月1日至2日，

香港回归祖国

筹委会第六次全会从 5800 多名报名人选中，推选产生出 400 位推委会委员。11 月 15 日，推委会正式成立，并推选出三位特区行政长官候选人，由此揭开了全面组建特区政府的序幕。12 月 11 日，现任全国政协委员、香港特别行政区筹委会副主任委员董建华在推选委员会第三次会议上当选为香港特别行政区第一任行政长官。12 月 12 日，香港特别行政区筹备委员会在深圳举行第七次全体会议，通过报请国务院任命特别行政区第一任行政长官的报告。12 月 16 日，国务院召开第十一次全体会议，对这一报告作出决定。12 月 18 日，国务院总理李鹏在北京向董建华颁发了国务院的任命书。12 月 21 日，推选委员会在深圳举行第四次全体会议，选举产生了香港特别行政区临时立法会的 60 名议员。1997 年 2 月 20 日，董建华任命了香港特区第一届政府的 23 名高级官员。

1997 年 6 月 30 日午夜至 7 月 1 日凌晨，中英两国政府香港交接仪式在香港会议展览中心新翼五楼大会堂隆重举行。英国米字旗和港英的皇冠狮子旗降下，五星红旗和香港特别行政区的五星花蕊紫荆花区旗升起。中国政府开始对香港恢复行使主权。这是洗刷中华民族百年耻辱的庆典。中英两国政府香港政权交接仪式结束后，香港特别行政区政府立即宣誓就职。"一国两制""港人治港、高度自治"，由中国共产党和邓小平为香港前途设计的蓝图，在这一刻变成了现实。香港的发展从此进入了一个崭新的时代。

在解决香港问题的过程中，中国政府还同葡萄牙政府就澳门问题展开磋商。经过四轮谈判，于1987年4月13日签署了《中华人民共和国政府和葡萄牙共和国政府关于澳门问题的联合声明》，宣布澳门是中国领土，中国政府将于1999年12月20日对澳门恢复行使主权。此后，中国政府开始组织起草《澳门特别行政区基本法》，并于1993年3月八届全国人大一次会议上获得通过。

1999年12月20日，中国政府和葡萄牙政府如期在澳门举行了政权交接仪式。在高高升起的中华人民共和国国旗下，江泽民庄严宣告：中国政府开始对澳门恢复行使主权，中华人民共和国澳门特别行政区政府正式成立。澳门回到祖国怀抱，标志着在中国的国土上彻底结束了外国列强的殖民统治。这是旧中国的历届政府所不能也不敢解决的

澳门回归祖国

问题，是中国共产党对于中华民族的历史性贡献。

在香港、澳门回归祖国的过程中，大陆与台湾的关系也逐渐朝着"一国两制"、和平统一的方向发展。海峡两岸结束了长期隔绝的局面。台湾同胞赴大陆探亲、旅游、经商的人次一年比一年增加，台胞在大陆的投资急剧增长，两岸交往特别是文化交流得到较快发展。1993年4月，大陆海协会会长汪道涵与台湾海基会董事长辜振甫举行会谈，这是在"九二共识"基础上海峡两岸授权的民间团体最高负责人之间的直接会谈。

1995年春节来临之际，国家主席江泽民于1月30日发表了《为促进祖国统一大业的完成而继续奋斗》的重要讲话，提出了发展两岸关系的八点主张，进一步阐明和发挥了邓小平关于"和平统一，一国两制"的方针，充分体现了中国共产党和中国政府在台湾问题上所持的以国家和民族大义为重，尊重历史与现实，既坚持原则又求同存异的公正立场，同时也提出了一系列发展两岸关系的新建议和新思路，因而立即受到了海内外一切关心中国统一的人们的热烈欢迎。

根据这八点主张，中国政府和人民为进一步促进祖国和平统一开展了多方面工作。海峡两岸的经贸关系和民间往来交流活动继续得到发展，实现祖国完全统一，已成为不可阻挡的历史大趋势。

跨越世纪

    1997 年 2 月 19 日，中国改革开放和现代化建设的总设计师邓小平不幸逝世。2 月 25 日，在邓小平追悼大会上，江泽民在致悼词时明确宣告：更高地举起邓小平建设有中国特色社会主义理论的伟大旗帜，更好地贯彻执行党的基本路线，这是我们党中央领导集体坚定不移的决心和信念，也是全党全军全国各族人民的共识和愿望。全党全军全国各族人民一定要继承邓小平同志的遗志，把邓小平同志开创的建设有中国特色社会主义的伟大事业推向前进。

    5 月 29 日，江泽民在中共中央党校省部级干部进修班毕业典礼上发表重要讲话，明确指出：在社会主义改革开放和现代化建设的新时期，在跨越世纪的新征途上，一定要高举邓小平建设有中国特色社会主义理论的伟大旗帜，用这个理论来指导我们的整个事业和各项工作，这是党从历史和现实中得出的不可动摇的结论。

    1997 年 9 月 12 日至 18 日，中国共产党第十五次全国代表大会在北京举行。江泽民代表第十四届中央委员会向大会作《高举邓小平理论伟大旗帜，把建设有中国特色社会主义事业全面推向二十一世纪》的报告。在这个报告中，首次使用了"邓小平理论"的提法，把这一理论作为指引全党全军全国各族人民继续前进的旗帜，着重阐明了在跨越世纪的征途上，必须高举邓小平理论的伟大旗帜，用邓小平理论来指导我们整个事业和各项工作。

高举邓小平理论伟大旗帜，无疑是要以邓小平理论为灵魂，把建设有中国特色社会主义的伟大事业胜利地推向前进。党的十五大也正是本着这一精神，对跨世纪的经济、政治、文化、国防、外交以及党的建设等领域的改革和发展作出了战略性的部署。十五大报告指出，把建设有中国特色社会主义的伟大事业全面推向 21 世纪，就是要抓住机遇而不可丧失机遇，开拓进取而不可因循守旧，围绕经济建设这个中心，经济体制改革要有新的突破，政治体制改革要继续深入，精神文明建设要切实加强，各个方面相互配合，实现经济发展和社会全面进步。

根据邓小平理论和党的基本路线、基本纲领，十五大对跨世纪发展的战略部署提出了进一步要求。即：调整和完善所有制结构，加快推进国有企业改革；完善分配结构和分配方式；充分发挥市场机制作用，健全宏观调控体系；加强农业基础地位，调整和优化经济结构；实施科教兴国战略和可持续发展战略；努力提高对外开放水平。要在坚持四项基本原则的前提下，继续推进政治体制改革，进一步扩大社会主义民主，健全社会主义法制，依法治国，建设社会主义法治国家。必须着力提高全民族的思想道德素质和科学文化素质，为经济发展和社会全面进步提供强大的精神动力和智力支持。实现这些任务和目标，关键在于坚持、加强和改善党的领导，进一步把党建设好。

十五大报告还对社会主义初级阶段的所有制结构和公有制实现形式、发展社会主义民主政治等重大问题作出了新的论断，指出：要全面认识公有制经济的含义。公有制经济不仅包括国有经济和集体经济，还包括混合所有制经济中的国有成分和集体成分。国有经济起主导作用，主要体现在控制力上。公有制实现形式可以而且应当多样化，一切符合"三个有利于"的所有制形式都可以用来为社会主义服务。非公有制经济是我国社会主义的重要组成部分。依法治国，是党领导人民治理国家的基本方略，是发展社会主义的客观需要，是社会文明进步的重要标志，是国家长治久安的重要保障。这些论断，是对改革开放以来建设有中国特色社会主义实践的经验总结，是党在社会主义理论问题上的又一次思想解放和认识深化。

党的十五大在世纪之交中国改革开放和社会主义现代化建设发展的关键时刻，高举邓小平理论伟大旗帜，承前启后，继往开来，为把邓小平开创的建设有中国特色社会主义事业全面推向二十一世纪，提供了在思想上、政治上和组织上的保证。

党的十五大之后，全党全国人民积极行动起来，为落实十五大提出的各项战略任务而积极开展各项工作。各项改革方案也纷纷出台。

一是大力深化国有企业改革。落实下岗职工生活保障和再就业工作，下岗职工的基本生活费由政府、企业、社会共同承担；建立国务院稽查特派员制度，向国有企业派遣稽查特派员以加强对国有企业的监督管理；成立中央大型企业工委，以加强企业党的建设并加强对企业的监管。这些配套措施的实施，加快了国有企业改革的步伐。

二是进行金融体制改革。为强化党对金融工作的领导，1998 年 6 月，中共中央正式成立金融工委。与此同时，中国人民银行还开始在全国建立跨省、市、自治区的大区分行，强化垂直领导，加强金融监管；国有商业银行也在进行内部机构调整，以减少支行，压缩人员，提高效益。

三是粮食流通体制改革全面展开。1998 年 4 月底，国务院在北京召开全国粮食流通体制改革会议，确定改革的原则是：实行政企分开、储备与经营分开、中央与地方责任分开、新老财务账目分开，完善粮食价格机制，以调动农民的积极性。6 月初，国务院又召开了全国粮食购销工作电视电话会议，提出按保护价敞开收购农民余粮、粮食收储企业实行顺价销售、农业发展银行收购资金封闭运行三项政策，加快国有粮食企业自身改革。6月6日，朱镕基签发国务院第244号令，颁布了《粮食收购条例》，以此加强粮食收购管理。

四是积极稳妥地进行国务院机构改革。1998年6月19日，朱镕基总理主持召开国务院第二次全体会议，总结了新一届政府组建以来，各部门"三定"（定职能、定机构、定编制）方案的制定工作，对下一步实施"三定"工作作出部署。根据国务院批准的各部门的"三定"方案，按照转变政府职能、实行政企分开的要求，国务院各部门转交给企业、社会中介组织和地方的职能有200多项；在部门之间调整转移的职能有100多项；部门内设的司局级机构减少200多个，精简了四分之一；人员编制总数减少47.5%。

上述改革的成功，实现了新一届政府的承诺，为完成党的十五大和九届全国人大一次会议的各项部署，提供了有力保证。

在迈向新世纪的征途上，党和国家先后遇到了来自国内的和国外的，经济生活中和社会生活中的一系列难以预料的困难和风险。

1997年下半年爆发的亚洲金融危机，引起了中共中央的高度重视。11月17日至19日，中共中央、国务院在北京召开全国金融会议，对进一步深化金融体制改革和整顿金融秩序、防范和化解金融风险的重要性和紧迫性有了充分的认识，明确了做好这项工作的总体要求、指导原则、主要任务和重要措施。在周边许多国家都因这场金融危机的袭击而货币大幅度贬值的情况下，中国政府几次作出人民币不贬值的承诺，并且给予受到金融危机影响严重的国家以一定的援助。这场金融风暴虽然给中国经济的发展带来了一些负面影响，但由于防范及时，应对正确，中国经济经受住了这来势凶猛的冲击，迫在眉睫的风暴与中国擦肩而过。中国为缓解这场影响全球的风暴承担了风险，付出了代价，作出了积极的贡献，起到了稳定亚洲经济和金融形势的中流砥柱的作用，在全世界产生了良好的影响。

从 1998 年 6 月中旬开始，长江流域，嫩江、松花江流域出现一个世纪以来所罕见的严重洪灾。全国受灾面积达 3.18 亿亩，受灾人口 2.23 亿人，直接经济损失达 2000 多亿元。许多工矿企业停产，长江部分航段中断航运一个多月，对生产建设造成严重影响。

中共中央、国务院、中央军委临危不乱，果断决策，领导了一场惊心动魄、气壮山河的抗洪斗争。在这场斗争中，江泽民等党和国家领导人几次亲临抗洪第一线，察看灾情、汛情，及时作出部署，极大地鼓舞了抗洪军民的士气。参加抗洪的广大干部群众不顾个人安危得失，同滔滔洪水展开殊死搏斗，尤其是人民解放军和武警部队官兵更表现出顽强拼搏和自我牺牲的精神，为夺取抗洪胜利发挥了关键作用。全国上下及海内外同胞也倾力支援，体现了中华民族的强大凝聚力。经过艰苦卓绝的奋斗，肆虐的洪水终于被制服，谱写了壮烈的抗洪篇章。

1998 年抗洪

在同洪水的搏斗中，党、人民解放军和人民群众经受住了严峻的考验，展现出了一种十分崇高的精神。这就是江泽民在1998年9月全国抗洪抢险总结表彰大会上所概括的"万众一心、众志成城，不怕困难、顽强拼搏，坚忍不拔、敢于胜利的伟大抗洪精神"。这种精神，同中国共产党一贯倡导的革命精神和新时期的创业精神一样，都是中国人民的宝贵精神财富。

党的十五大以后，农业问题和国有企业问题成为第三代中央领导集体关注的重点。

1998年10月，中共十五届三中全会审议通过了《中共中央关于农业和农村工作若干重大问题的决定》。《决定》要求：以公有制为主体、多种所有制经济共同发展的基本经济制度，以家庭承包经营为基础、统分结合的经营制度，以劳动所得为主和按生产要素分配相结合的分配制度，必须长期坚持。在这个基础上，按照建立社会主义体制的要求，深化农村改革。这个《决定》的贯彻，使农村以家庭承包经营为基础、统分结合的双层经营体制得到进一步稳定，农产品流通体制改革继续稳步推进，农产品市场体系进一步完善，农业生态环境有了改善，农业和农村经济结构继续得到优化。扶贫攻坚力度加大，完成了到2000年使贫困地区农民全部实现温饱的目标。农村基层民主法制建设，社会主义精神文明建设，农村基层党组织和干部队伍建设，都得到了切实加强。

以加快国有企业改革，建立现代企业制度，实现国有企业整体脱困为重点的改革攻坚取得显著进展。1999年9月，中共十五届四中全会审议通过了《中共中央关于国有企业改革和发展若干重大问题的决定》。根据这一决定，国有企业改革进一步深化，陆续组建了一批大型企业集团，企业内部改革和转换经营机制的工作进一步加强。通过兼并破产、改组联合、债转股和加强管理等措施，国有及国有控股大中型企业中的亏损户有了显著减少。1999 年，纺织行业提前一年实现了三年脱困目标，其他行业也出现了增盈或减亏的好势头。到 2000 年，中央确定的国有企业改革和脱困的目标得到胜利实现。

与国有企业深化改革相联系，下岗职工基本生活保障和再就业工作也受到中共中央、国务院的高度重视。1998 年 5 月 14 日至 16 日，中共中央、国务院在北京召开国有企业下岗职工基本生活保障和再就业工作会议。江泽民在会上指出：这项工作不仅是重大的经济问题，也是重大的政治问题；不仅是现实的紧迫问题，也是长远的战略问题。要求各级党委和政府，一定要把它作为一个头等大事抓紧抓好。

政企分开的工作也加快了步伐。1999 年，中央作出了中央党政机关与所办经济实体和管理的直属企业脱钩的决策，并迅速得到落实。金融体制改革和防范金融风险的工作继续加强，撤销了人民银行省级银行，设置跨省区的九家分行，关闭了个别问题严重的金融机构，金融秩序进一步好转。中共中央、国务院组织有关部门，集中力量在全国范围内开展了大规模的反走私联合行动，严厉打击骗汇、逃汇、套汇的犯罪活动，取得显著成效。这些重大措施，有效地保证了社会主义的健康发展，受到人民群众普遍拥护。

面对世纪之交的机遇和挑战，以江泽民为核心的党中央准确把握国际大局和国内大局的新变动，根据邓小平关于中国现代化建设"两个大局"战略思想，适时地作出了西部大开发的战略决策。1999 年 6 月 17 日，江泽民在西北五省区国有企业改革和发展座谈会上指出："现在我们正处在世纪之交，应该向全党和全国人民明确提出，必须不失时机地加快中西部地区的发展，特别是抓紧研究西部大开发。"同年 9 月举行的党的十五届五中全会明确提出"国家要实施西部大开发战略"。在中共中央、国务院的统一部署下，西部大开发战略进入实施阶段。

1999年，各项建设都取得了新的成就。整个国民经济继续朝着好的方向发展，国内生产总值增长率达到预期目标，大多数行业经济效益明显回升，国家财政收入总额首次突破万亿元，达到11377亿元，金融运行平稳，外贸出口开始大幅度回升，人民币汇率稳定，国家外汇储备继续增加。人民生活水平得到进一步提高。1999年10月1日，在北京天安门广场举行盛大的中华人民共和国成立50周年庆祝大会，并举行阅兵式。江泽民在大会上讲话说："实践已经充分证明，只有社会主义才能救中国，只有社会主义才能发展中国。实践也充分证明，建设有中国特色社会主义，是实现中国经济繁荣和社会全面进步的康庄大道。""奋斗就会有艰辛，艰辛孕育着新的发展。这是一个普遍规律。中国的未来是无限光明的。让我们高举马克思列宁主义、毛泽东

西部大开发

思想、邓小平理论的伟大旗帜，朝着辉煌的目标奋勇前进！一个富强民主文明的社会主义现代化中国必将出现在世界的东方。"

1999年，中共中央还统揽全局，针对国内外的一系列突发事件，领导全国人民及时进行了三项重大政治斗争：

一是针对以李登辉为首的台湾分裂势力鼓吹"两国论"的嚣张气焰，立即组织全国各界开展了批判"两国论"的斗争，坚决打击了破坏祖国统一的分裂行径。

二是针对少数人利用"法轮功"散布歪理邪说，严重侵蚀人们思想，聚众扰乱社会公共秩序，破坏改革发展稳定局面的事件，及时取缔"法轮功"邪教组织，发动社会各界展开强大舆论攻势，揭批"法轮功"邪教的罪行，加强了思想政治工作，维护了社会稳定。

三是针对以美国为首的北约集团袭击中国驻南斯拉夫使馆，造成人员伤亡、馆舍严重损毁的野蛮行径，立即向美国当局及北约国家领导人进行严正交涉，并组织社会各界进行了大规模的声讨和抗议活动，极大地激发起全国人民的爱国热情和为振兴祖国而努力奋斗的信念。

这些斗争的开展，对教育和团结全国人民具有深远的政治意义，为改革开放和现代化建设创造了良好的社会环境。

在世纪之交，党对复杂多变的国际形势继续保持了清醒的认识，坚持奉行独立自主的和平外交政策，积极发展与世界各国的友好合作关系，开展了积极主动和卓有成效的外交活动。通过江泽民等党和国家领导人的一系列出访和外国领导人的来访，中国同许多国家都确定了面向21世纪发展双边关系的原则。特别是1997年和1998年，中国国家主席江泽民和美国总统克林顿成功实现了互访，双方决定共同建立面向21世纪的建设性战略伙伴关系。在国际事务中，中国政府继续坚持公正立场，积极维护和平和稳定；对少数反华势力干涉中国内政，

与世界各国和平共处

侵犯中国主权的企图，进行了有力回击。中国的国际地位和威望更加提高，为进入新世纪的改革开放和现代化建设事业赢得了有利的国际环境。

面向新的世纪，在建立社会主义体制的过程中，如何把中国共产党建设成为能够经受住各种风险、始终走在时代前列的马克思主义政党，是一个崭新的课题。从 1995 年起，江泽民多次提出干部要讲学习、讲政治、讲正气。为适应改革开放和现代化建设事业跨世纪发展的需要，提高党的执政水平和领导水平。按照中共中央的部署，从 1999 年开始，全党在县以上党政领导班子和领导干部中，集中时间分期分批开展了以"讲学习、讲政治、讲正气"为内容的三讲教育。江泽民等中央政治局常委分别到一个县，调查研究，并亲自主持动员，推动了"三讲"教育的深入进行。通过这一教育，有效地解决了在党性和党风方面存在的一些突出问题，同时也为不断加强党的自身建设这一跨世纪工程进行了创造性的新探索。

2000 年 2 月，江泽民在广东考察工作及参加高州市领导干部"三讲"教育会议时，提出了"三个代表"重要思想。江泽民指出："要把中国的事情办好，关键取决于我们党，取决于党的思想、作风、组织、纪律状况和战斗力、领导水平。只要我们党始终成为中国先进生产力的发展要求、中国先进文化的前进方向、中国最广大人民的根本利益的忠实代表，我们党就能永远立于不败之地，永远得到全国各族人民的衷心拥护并带领人民不断前进。""三个代表"的重要论述在党内外产生了强烈反响。接着，江泽民又考察了江苏、浙江和上海的党的建设，考察了宁夏、甘肃的党的建设，进一步阐述了党的建设问题，推动了"三个代表"重要思想的学习。

　　"三个代表"是中国共产党的立党之本、执政之基、力量之源。这一重要思想，为中国共产党面向新世纪进一步巩固、加强、提高自己，提供了强大的思想武器，为全面推进党的建设新的伟大工程，把党建设成为有中国特色社会主义事业的坚强领导核心，指明了前进的方向。

辉煌成就
2000 年底

2000 年底
"九五"计划目标任务胜利完成，社会主义市场经济体制初步建立，人民生活实现总体小康。

奋斗纲领
2002.11

2002.11.8-14
中共十六大召开，提出全面建设小康社会目标任务。

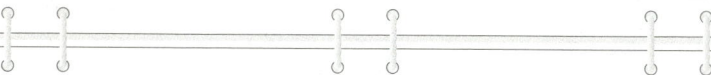

科学发展
2003—2007.10

2003
我国遭遇"非典"疫情。

2003.10
中共十六届三中全会提出，坚持以人为本，树立全面、协调、可持续的发展观。

2005.10
中共十六届五中全会提出建设社会主义新农村的历史任务。

2006.1
取消农业税。

2007.10
中共十七大把科学发展观写入党章，确立为发展中国特色社会主义必须长期坚持和贯彻的重大战略思想。

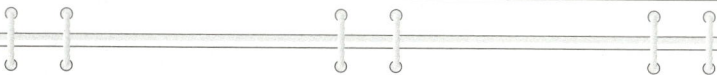

和谐社会
2004.9–2006.10

2004.9
中共十六届四中全会明确提出构建社会主义和谐社会的任务，把提高构建社会主义和谐社会的能力确定为加强党的执政能力建设的重要内容。

2005.10
中共十六届五中全会把构建社会主义和谐社会确定为贯彻落实科学发展观的一项重大任务，并提出了工作要求和政策措施。

2006.10
中共十六届六中全会通过了《关于构建社会主义和谐社会若干重大问题的决定》。

党的建设
2002.11—2007.10

2005.1
中共中央印发《建立健全教育、制度、监督并重的惩治和预防腐败体系实施纲要》。

2004.11.7
中共中央下发《关于在全党开展以实践『三个代表』重要思想为主要内容的保持共产党员先进性教育活动的意见》。

2004.9
中共十六届四中全会着重研究加强党的执政能力建设问题，通过了《中共中央关于加强党的执政能力建设的决定》。这是党的历史上第一个全面总结党的执政经验、指导全党加强执政能力建设的纲领性文件。

2002.11.8-14
中共十六大把『三个代表』重要思想写入党章，确立为党必须长期坚持的指导思想。

小康新貌　破浪前进

中共十七大召开，大会在十六大确立的目标基础上，对全面建设小康社会提出了新的更高要求。

2005.3.14
十届全国人大三次会议高票通过《反分裂国家法》，将中央关于解决台湾问题、反对分裂祖国的大政方针以法律的形式固定下来。

2005.4.22
国家主席胡锦涛在雅加达亚非首脑会议上首次提出建设『和谐世界』的主张。

2008.5.12
四川汶川发生特大地震。

领导核心　宏伟蓝图

2007.10
中共十七大决定在全党开展深入学习实践科学发展观活动。

2008.8.8
北京奥运会开幕。

2009.9
中共十七届四中全会召开，通过《中共中央关于加强和改进新形势下党的建设若干重大问题的决定》。

2010.5
中央召开第五次西藏工作座谈会，研究制定推动西藏经济社会发展的重大政策举措。

2010.1
中央召开新疆工作座谈会，出台推进新疆跨越式发展和长治久安的重大政策举措。

2010.10.15-18
中共十七届五中全会在北京召开，通过《关于制定国民经济和社会发展第十二个五年规划的建议》，为推动『十二五』时期的科学发展描绘了宏伟蓝图。

2002

第七章
CHAPTER SEVEN

全面小康

2012

2002 年 11 月，党的十六大提出全面建设小康社会和完善社会主义市场经济体制的战略任务。党中央紧紧抓住和用好我国发展的重要战略机遇期，深化改革开放，加快发展步伐，战胜一系列重大挑战，坚定不移推进全面建设小康社会进程，及时提出和全面贯彻科学发展观等重大战略思想，开拓了我国经济社会发展的广阔空间。2010 年国内生产总值达到 401513 亿元（ 6.04 万亿美元)，经济总量从世界第六位跃升到第二位，社会生产力、经济实力、科技实力迈上一个大台阶，人民生活水平、居民收入水平、社会保障水平迈上一个大台阶，综合国力、国际竞争力、国际影响力迈上一个大台阶，国家面貌发生新的历史性变化。

辉煌成就

    党的十五大以后，全党和全国各族人民高举邓小平理论伟大旗帜，加快建立社会主义体制的改革步伐，努力促进国民经济持续快速健康发展，全面推进中国特色社会主义伟大事业，取得了改革开放和社会主义现代化建设新的辉煌成就。到 2000 年底，国民经济和社会发展的第九个五年计划胜利完成，社会主义体制初步建立，人民生活总体上实现了由温饱到小康的历史性跨越。

    1997 年后，由于党中央的正确决策，我国克服了亚洲金融危机和世界经济波动带来的不利影响，保持了经济持续较快增长。"九五"期间，我国国内生产总值一直保持着稳定增长，2000 年达到 99214.6 亿元，人均 7858 元。继 1995 年提前实现国民生产总值比 1980 年翻两番的目标之后，又在我国人口增长 3 亿左右的情况下超额完成了党的十四届五中全会提出的人均国民生产总值比 1980 年翻两番的任务。在经济持续增长和效益不断提高的基础上，国家财政收入连年增加，2000 年达到 13395 亿元，五年累计超过 5 万亿元。我国主要工农业产品产量位居世界前列，经济总量由世界第 9 位跃居第 6 位。

    到 2000 年底，我国社会主义体制已经初步建立。国有企业改革稳步推进，公有制经济进一步壮大。大多数国有大中型骨干企业通过优化结构、深化改革，经营状况明显改善，摆脱了长期亏损的局面，初步建立起现代企业制度。国有小型企业放开搞活的步伐加快并取得明显成效。国有企业管理体制和经营机制发生深刻变化，企业优胜劣汰的竞争机制初步形成，开创了国有企业改革和发展的新局面。个体、私营等非公有制经济发展较快。财税、金融、流通、住房和政府机构改革继续深化。市场体系建设全面展开，政府职能转变步伐加快，适应的宏观调控体系初步形成。资本、劳动力、技术等生产要素市场加速发展，市场调节比重不断增加，国民经济市场化程度进一步提高，市场在资源配置中的基础性作用明显增强。

适应经济全球化的趋势，我国对外开放水平进一步提高。开放型经济快速发展，全方位、多层次、宽领域的对外开放格局基本形成。随着对外开放领域的拓展，我国对外贸易不断扩大，利用外资数量和质量不断提高。2000 年，进出口贸易总额达 4743 亿美元，在世界贸易中的排名由 1995 年的第 11 位提升至第 8 位。在对外贸易中，出口商品的结构得到进一步优化，在实现由初级产品为主向加工产品为主的转变后，又实现了从一般加工产品为主向机电产品为主的转变。"九五"期间累计实际利用外资 2898 亿美元，比"八五"时期增长 80%。国家外汇储备超过 1600 亿美元，位居世界第二。外商投资领域不断拓宽，外商直接投资的科技含量增加，跨国公司来华投资增多。

政治体制改革稳步推进，社会主义民主政治和精神文明建设成效显著。人民代表大会制度、中国共产党领导的多党合作和政治协商制度、民族区域自治制度不断完善，基层民主活力增强。爱国统一战线发展壮大，民族、宗教和侨务工作取得新进展。依法治国基本方略切实贯彻，社会治安综合治理取得新成效。

科技、教育、文化、卫生、体育等事业全面进步，群众精神文化生活日益丰富。"九五"时期，科技经费投入累计达 5828 亿元，是

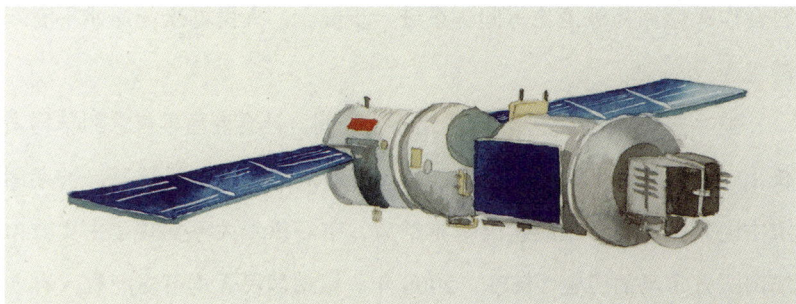

神舟一号

"八五"时期的 1.9 倍,平均每年取得科技成果 3 万余项。航空航天、信息、新材料和生物工程等高科技领域取得一批重要成果。"神舟"号飞船试验飞行成功,载人航天事业迈出重要步伐。数字高清晰度电视、稀土材料应用和生物技术等重大科研成果产业化取得重要进展。全国普及九年义务教育的人口覆盖率从 1995 年的 36.2% 增加到 2000 年的 85%。大中城市文化设施建设加快,广播电视覆盖网进一步扩大,到 2000 年底,全国广播人口覆盖率达 92.5%,电视人口覆盖率达 93.7%。医疗保健体制和卫生体制改革迈出较大步伐,城镇社区卫生服务、农

普及九年义务教育

村合作医疗和初级卫生保险体系进一步健全，人民群众健康水平有新的提高。

城乡居民收入稳步增长。"九五"期间，社会商品零售总额年均增长 10.6%，市场商品供应充裕丰富，有效供给水平明显提高，长期困扰中国人民的商品短缺状况基本结束。市场供求关系实现了由卖方市场向买方市场的历史性转变。2000 年，城镇居民人均可支配收入和农村居民人均纯收入分别达到 6280 元和 2253.4 元。剔除价格变动因素，"九五"期间年均增长 5.7% 和 4.7%。"八七"扶贫攻坚目标基本实现，农村贫困人口从 1995 年的 6500 万减少到 2000 年的 2500 万。与此同时，社会保障体系的基本框架初步形成，以城镇职工基本养老保险、失业保险、城镇职工基本医疗保险为主要内容的社会保险制度初步确立。

基础设施建设不断加强，生态环境有较大改善。"九五"期间，全社会固定资产投资总规模达 13.87 亿元，集中力量办成了一些多年想办

扶贫

而没有办成的大事。我国基础产业和基础设施建设长期滞后的局面大为改观，能源、交通、通信和原材料的"瓶颈"制约得到缓解，经济发展的后劲大为增强。与此同时，生态环境建设力度加大。大河大湖的水污染防治、大气污染防治等工作全面展开，并取得阶段性成果。

随着"九五"计划的完成，我国生产力水平又迈上一个大台阶，综合国力得到加强，人民生活总体上达到小康水平。这是中华民族发展史上的又一个里程碑。在此基础上，党中央就继续推进我国经济社会发展作出新的部署。2000 年 10 月，党的十五届五中全会通过《关于制定国民经济和社会发展第十个五年计划的建议》，提出从新世纪开始，我国将进入全面建设小康社会并加快推进现代化的新的发展阶段；今后五到十年，要以发展为主题，以结构调整为主线，以改革开放和科技进步为动力，以提高人民生活水平为根本出发点，全面推进经济发展和社会进步。根据这个《建议》，国务院制定了《国民经济和社会发展第十个五年计划纲要》。2001 年 3 月，九届全国人大四次会议批准了这个《纲要》，从而为进入新世纪后的改革开放和现代化建设明确了奋斗目标和指导方针。

奋斗纲领

2001 年 9 月，党的十五届六中全会通过《关于召开党的第十六次全国代表大会的决议》。在筹备十六大期间，江泽民明确指出："党的十六大，将进一步制定党和国家在新世纪之初的行动纲领，进一步统一全党和全国各族人民的思想，坚定信心，鼓舞干劲，同心同德地向现代化建设第三步战略目标前进，使社会主义中国在风云变幻的国际局势中保持高度稳定和强大生机，使我们党不断增强创造力、凝聚力、战斗力，始终走在时代前列，确保实现中国的现代化和中华民族的伟大复兴。"

2002 年 11 月 8 日至 14 日，中国共产党第十六次全国代表大会在北京召开。大会通过了江泽民代表第十五届中央委员会所作的《全面建设小康社会，开创中国特色社会主义事业新局面》的报告，通过了《中国共产党章程（修正案）》和中央纪律检查委员会的工作报告，选举产生了新一届中央委员会和中央纪律检查委员会。

十六大是党在新世纪新阶段召开的第一次全国代表大会。大会的主题是：高举邓小平理论伟大旗帜，全面贯彻"三个代表"重要思想，继往开来，与时俱进，全面建设小康社会，加快推进社会主义现代化，为开创中国特色社会主义事业新局面而奋斗。围绕这一主题，江泽民在报告中深刻分析了党面临的国际国内形势，科学总结了十三届四中

党的十六大，提出了全面建设小康社会的奋斗目标

全会以来十三年的基本经验，进一步阐明了贯彻"三个代表"重要思想的根本要求，提出了全面建设小康社会的奋斗目标，并对建设中国特色社会主义经济、政治、文化和党的建设等各项工作作出全面部署，鲜明地回答了在新世纪新阶段中国共产党举什么旗、走什么路、实现什么样的目标等重大问题。

根据全面开创中国特色社会主义事业新局面的要求，报告提出了全面建设小康社会的奋斗目标，并从经济、政治、文化等方面勾画了宏伟蓝图。报告指出：综观全局，21世纪头20年，对我国来说，是一个必须紧紧抓住并且大有作为的重要战略机遇期。我们要在21世纪头20年，集中力量，全面建设惠及十几亿人口的更高水平的小康社会，使经济更加发展、民主更加健全、科教更加进步、文化更加繁荣、社会更加和谐、人民生活更加殷实。这是实现现代化建设第三步战略目标必经的承上启下的发展阶段，也是完善社会主义体制和扩大对外开放的关键阶段。

报告进一步阐明了"三个代表"重要思想的历史地位、精神实质和根本要求。报告指出："三个代表"重要思想，是在科学判断党的历

史方位的基础上提出来，是对马克思列宁主义、毛泽东思想和邓小平理论的继承和发展，反映了当代世界和中国的发展变化对党和国家工作的新要求，是加强和改进党的建设、推进我国社会主义自我完善和发展的强大理论武器，是全党集体智慧的结晶，是党必须长期坚持的指导思想。全党要把这一重要思想贯彻到社会主义现代化建设的各个领域，体现在党的建设的各个方面。大会通过的党章修正案把"三个代表"重要思想作为党的行动指南，写入党章，使"三个代表"重要思想同马克思列宁主义、毛泽东思想、邓小平理论一道，成为党必须长期坚持的指导思想。这是大会作出的一个历史性决策，也是一个历史性贡献。

大会顺利实现了中央领导集体的新老交替。新选进中央委员会的成员占一半以上，全部是中华人民共和国成立后参加工作的，平均年龄55.4岁，具有大专以上文化程度的占98.6%，标志着党和国家的事业后继有人，充满希望。

党的十六大以团结的大会、胜利的大会、奋进的大会和继往开来的大会载入史册。十六大以后，在以胡锦涛为总书记的党中央领导下，全党和全国人民踏上了全面建设小康社会的新征程。

科学发展

2002 年 12 月 5 日至 6 日，胡锦涛率领中央书记处的同志到西柏坡学习考察，回顾党带领人民进行伟大革命斗争的历史，重温毛泽东在党的七届二中全会上的重要讲话，号召全党特别是领导干部要牢记毛泽东关于"两个务必"的告诫，大力发扬艰苦奋斗的作风，为实现党的十六大确定的目标开拓进取、团结奋斗。

正当全党全国人民意气风发地为实现全面建设小康社会宏伟目标而奋斗的时候，2003 年春，我国遭遇了一场突如其来的"非典"疫情。面对这场严峻考验，全党全国人民在党中央和国务院的坚强领导下，坚持一手抓防治"非典"疫情，一手抓经济建设这个中心不动摇，夺取了抗击"非典"和促进发展的双胜利。

通过抗击"非典"斗争，党更加深刻地认识到我国经济发展和社会发展、城市发展和农村发展还不够协调等突出矛盾。2003 年 7 月 28 日，胡锦涛在全国防治"非典"工作会议上讲话指出：从今后的工作来说，"我们要更好地坚持全面发展、协调发展、可持续发展的发展观，更加自觉地坚持推动社会主义物质文明、政治文明、精神文明协调发展，坚持在经济社会发展的基础上促进人的全面发展，坚持促进人和自然的和谐"。此后，胡锦涛在江西、湖南视察时又强调"要牢固树立协调发展、全面发展、可持续发展的科学发展观，积极探索符合实际

抗击"非典"

的发展新路子"。

2003 年 10 月，党的十六届三中全会通过了《中共中央关于完善社会主义体制若干问题的决定》。《决定》指出，为适应经济全球化和科技进步加快的国际环境，适应全面建设小康社会的新形势，必须加快推进改革，进一步解放和发展生产力，为经济发展和社会全面进步注入强大动力。要按照统筹城乡发展、统筹区域发展、统筹经济社会发展、统筹人与自然和谐发展、统筹国内发展和对外开放的要求，更大程度地发挥市场在资源配置中的基础性作用，增强企业活力和竞争力，健全国家宏观调控，完善政府社会管理和公共服务职能，为全面建设小康社会提供强有力的体制保障。深化经济体制改革，必须坚持社会主义的改革方向，坚持尊重群众的首创精神，坚持正确处理改革发展稳定的关系，坚持以人为本，树立全面、协调、可持续的发展观，促进经济社会和人的全面发展。《决定》阐明了科学发展观的基本要求，是指导我国今后一个时期经济体制改革的纲领性文件。

科学发展观的提出，是党对20多年来改革开放实践的经验总结，反映了中国共产党对发展问题的新认识，体现了全面建设小康社会的迫切要求，既顺应时代发展潮流，又符合当代中国国情。为切实贯彻落实科学发展观，党中央、国务院相继作出一系列重大决策，推动经济社会实现又好又快发展。

从2003年下半年开始，面对经济运行中出现的一些新的不稳定、不健康因素，党中央进一步加强和完善了宏观调控。其中主要是解决两个问题：一是针对粮食播种面积连续5年减少，粮食产量持续下降的局面，进一步加强农业，促进粮食生产。二是针对固定资产投资总量增长过快，积极改善投资结构。经过采取有针对性的调控措施，抑制了经济运行中的不健康不稳定因素，避免了经济发展大的起落，保持了国民经济持续快速增长的势头。2006年12月，中央经济工作会议进一步提出"又好又快"发展的方针，更加体现了贯彻落实科学发展观的客观要求，促进了经济与社会、人与自然之间的和谐发展。

为实现全面建设小康社会的奋斗目标，贯彻落实科学发展观，党中央把农业、农村、农民问题作为全党工作的重中之重，放在更加突出的位置。2004年12月，胡锦涛在中央经济工作会议上提出：我国现在总体上已到了以工促农、以城带乡的发展阶段。在着眼城乡统筹发展的基础上，2005年10月，党的十六届五中全会提出建设"生产发展、生活宽裕、乡风文明、村容整洁、管理民主"的社会主义新农村的历史任务。2004年以后，中央连续颁发有关"三农"问题的"一号文件"，就完善农村税费改革、增加农民收入、提高农业综合生产能力、深化农村改革等作出部署，提出一系列支农、惠农政策，加快社会主义新农村建设的步伐。2005年12月29日，十届全国人大常委会第19次会议决定，自2006年1月1日起废止一届全国人大常委会于1958年6月3日通过的《中华人民共和国农业税条例》。农业税的取消，终结了中国历史上存在两千多年的皇粮国税，极大地调动了农民积极性，有力推动了社会主义新农村建设。

制定"十一五"规划，是实现全面建设小康社会目标的重要部署。为此，党的十六届五中全会通过《关于制定国民经济和社会发展十一五规划的建议》。《建议》的鲜明特点，是坚持以科学发展观统领经济社会发展全局，充分体现了全面贯彻落实科学发展观的基本要求。

在实施西部大开发战略基础上，党中央继续推动区域协调发展，逐步形成了区域协调发展战略。2003年3月21日，温家宝在国务院全体会议上提出加大西部开发力度、实现区域优势互补和共同发展，支持老工业基地加快调整、改造和振兴。党的十六届五中全会进一步明确了我国区域发展的总体战略，强调要继续推进西部大开发，振兴东北地区等老工业基地，促进中部地区崛起，鼓励东部地区率先发展，形成合理的区域发展格局。随后，国务院制定的"十一五"规划《纲要》对促进区域协调发展作出了具体部署，标志着我国区域协调发展战略基本形成。

和谐社会

贯彻落实科学发展观的一项根本任务，就是要实现社会和谐。这是中国特色社会主义事业总体布局和全面建设小康社会的内在要求，也是广大人民群众的根本利益和共同愿望。党的十六大报告第一次把"社会更加和谐"作为党的重要奋斗目标。随着改革和发展的不断深入，构建社会主义和谐社会的任务得到逐步落实。

2004年9月，党的十六届四中全会明确提出构建社会主义和谐社会的任务，把提高构建社会主义和谐社会的能力确定为加强党的执政能力建设的重要内容。2005年2月，在党中央举办的省部级主要领导干部"提高构建社会主义和谐社会能力"专题研讨班上，胡锦涛发表讲话，提出了构建民主法治、公平正义、诚信友爱、充满活力、安定有序、人与自然和谐相处的社会主义和谐社会的总目标。2005年10月，党的十六届五中全会把构建社会主义和谐社会确定为贯彻落实科学发展观的一项重大任务，并提出了工作要求和政策措施。

在此基础上，2006年10月，党的十六届六中全会通过了《关于构建社会主义和谐社会若干重大问题的决定》。《决定》全面把握我国发展的阶段性特征，深刻分析影响我国社会和谐的突出矛盾和问题，明确提出了当前和今后一个时期构建社会主义和谐社会的指导思想、目标任务和工作部署。《决定》从五个方面对构建社会主义和谐社会作出部署。一是坚持协调发展，加强社会事业建设。二是加强制度建设，保障社会公平正义。三是建设和谐文化，巩固社会和谐的思想道德基础。四是完善社会管理，保持社会安定有序。五是激发社会活力，增进社会团结和睦。

构建社会主义和谐社会战略任务的提出，使中国特色社会主义事业的总体布局由社会主义经济建设、政治建设、文化建设三位一体发展为社会主义经济建设、政治建设、文化建设、社会建设四位一体，从而使中国特色社会主义发展模式更加清晰。这是党在探索社会主义社会建设方面取得的又一个新的认识成果。

在贯彻十六届六中全会精神过程中，各地区各部门按照党中央的要求，紧密结合全面建设小康社会的实践，实施了一系列促进社会和谐的重大措施。

在促进协调发展方面，坚持用发展的办法解决前进中的问题，不断为社会和谐创造雄厚的物质基础，同时，更加注重解决发展不平衡问题，推动经济社会协调发展。通过扎实推进社会主义新农村建设，促进城乡协调发展；通过落实区域发展总体战略，促进区域协调发展；通过实施积极的就业政策，发展和谐的劳动关系；通过坚持优先发展教育，促进教育公平；通过加强医疗卫生服务，提高人民健康水平；通过加快发展文化事业和文化产业，满足人民群众文化需求；通过加强环境治理保护，促进人与自然相和谐。

在保障社会公平正义方面，加强制度建设，保证人民在政治、经济、文化、社会等方面的权利和利益，引导公民依法行使权利、履行义务。坚持完善民主权利保障制度，巩固人民当家作主的政治地位；坚持完善法律制度，夯实社会和谐的法制基础；坚持完善司法体制机制，加强社会和谐的司法保障；坚持完善公共财政制度，逐步实现基

社会保障

本公共服务均等化；坚持完善收入分配制度，规范收入分配秩序；坚持完善社会保障制度，保障群众基本生活。

在建设和谐文化方面，坚持马克思主义在意识形态领域的指导地位，牢牢把握社会主义先进文化的前进方向。弘扬民族优秀文化传统，借鉴人类有益文明成果，倡导和谐理念，培育和谐精神，进一步形成全社会共同的理想信念和道德规范。不断推进社会主义核心价值体系建设，形成全民族奋发向上的精神力量和团结和睦的精神纽带；树立社会主义荣辱观，培育文明道德风尚；坚持正确导向，营造积极健康的思想舆论氛围；广泛开展和谐创建活动，形成人人促进和谐的局面。

在完善社会管理方面，创新社会管理体制，提高社会管理水平，健全党委领导、政府负责、社会协同、公众参与的社会管理格局。建设服务型政府，强化社会管理和公共服务职能；推进社区建设，完善基层服务和管理网络；健全社会组织，增强服务社会功能；统筹协调各方面利益关系，妥善处理社会矛盾；完善应急管理体制机制，有效应对各种风险；加强社会治安综合治理，增强人民群众的安全感。

在增进社会团结和睦方面，最大限度地激发社会活力，促进政党关系、民族关系、宗教关系、阶层关系、海内外同胞关系的和谐。巩固和壮大最广泛的爱国统一战线，充分调动各方面积极性。加强海内外中华儿女的团结，为实现中华民族的伟大复兴而奋斗；坚持走和平发展道路，营造良好外部环境。

经过全党和全国人民的共同努力，构建社会主义和谐社会的各项工作有条不紊地向前推进，不断取得新的成效。

党的建设

适应新的形势、任务和要求，党中央及时提出了加强党的执政能力建设和先进性建设的重大任务，并以此为重点坚持推进党的建设新的伟大工程。

党的十六大着眼于中国特色社会主义事业的长远发展，根据党的执政条件和社会环境发生的深刻变化，向全党明确提出了加强党的执政能力建设，提高党的领导水平和执政能力的要求。

2004年9月，党的十六届四中全会着重研究加强党的执政能力建设问题，通过了《中共中央关于加强党的执政能力建设的决定》。这是党的历史上第一个全面总结党的执政经验、指导全党加强执政能力建设的纲领性文件。

为切实加强党的执政能力建设，确保党始终走在时代前列，更好地肩负起历史使命，党中央把加强党的先进性建设摆到更加突出的地位。根据党的十六大的部署，2004年11月7日，中央下发《关于在全党开展以实践"三个代表"重要思想为主要内容的保持共产党员先进性教育活动的意见》。《意见》提出，保持共产党员先进性教育活动，从目标要求上，就是要提高党员素质，加强基层组织，服务人民群众，促进各项工作。从总体进程上，这次保持共产党员先进性教育活动分三批进行，每批半年左右时间。在方法步骤上，整个教育活动分学习动员、分析评议和整改提高三个阶段进行。

2006 年 6 月 30 日，胡锦涛在庆祝中国共产党成立 85 周年暨总结保持共产党员先进性教育活动大会上，总结了党的先进性建设的宝贵经验，要求全党要紧密结合贯彻落实科学发展观的实践，紧密结合构建社会主义和谐社会的实践，紧密结合党的执政能力建设的实践，紧密结合保持党同人民群众血肉联系的实践，进一步推进党的先进性建设。

保持党的先进性，一个不可忽视的重要方面就是克服党内的腐败现象。党的十六大以后，以胡锦涛为总书记的党中央十分注重反腐败制度建设和创新，着力从源头上预防和解决腐败问题。党的十六届三中全会首次提出，要建立健全与社会主义体制相适应的教育、监督、制度并重的惩治和预防腐败体系。十六届四中全会又提出了新形势下党风廉政建设和反腐败斗争的十六字方针，即"标本兼治、综合治理、惩防并举、注重预防"，要求抓紧建立教育、制度、监督并重的惩治和预防腐败体系。2005 年 1 月，中共中央印发《建立健全教育、制度、监督并重的惩治和预防腐败体系实施纲要》，要求各级党委和政府切实把反腐倡廉的各项工作落到实处。

在推动反腐倡廉制度体系建设过程中，党和国家还先后出台了《中国共产党党内监督条例（试行）》《中国共产党纪律处分条例》《中国共产党党员权利保障条例》等一系列法规，不断充实和完善反腐倡廉制度体系的内容。这是党中央在总结历史经验、科学判断形势基础上作出的重大决策，是党对执政规律和反腐倡廉工作规律认识的进一步深化。这一体系的建立和逐步完善，同保持共产党员先进性教育活动相互促进，有效地加强了党的执政能力建设和先进性建设，增强了党在发展社会主义条件下拒腐防变的能力和抵御风险的能力。

小康新貌

　　2007 年 10 月 15 日至 21 日，中国共产党第十七次全国代表大会在北京召开。这次大会的主题是：高举中国特色社会主义伟大旗帜，以邓小平理论和"三个代表"重要思想为指导，深入贯彻落实科学发展观，继续解放思想，坚持改革开放，推动科学发展，促进社会和谐，为夺取全面建设小康社会新胜利而奋斗。大会通过了胡锦涛代表第十六届中央委员会所作的《高举中国特色社会主义伟大旗帜，为夺取全面建设小康社会新胜利而奋斗》的报告，批准了中央纪律检查委员会工作报告，审议通过了《中国共产党章程（修正案）》，选举产生了新一届中央委员会和中央纪律检查委员会。

　　胡锦涛在报告中深刻分析了国际国内形势的新变化，鲜明地回答了党在改革发展关键阶段举什么旗、走什么路，以什么样的精神状态、朝着什么样的发展目标继续前进等重大问题。

　　报告对改革开放的伟大历史进程和宝贵经验作了精辟概括，指出：新时期最鲜明的特点是改革开放，最显著的成就是快速发展，最突出的标志是与时俱进。事实雄辩地证明，改革开放是决定当代中国命运的关键抉择，是发展中国特色社会主义、实现中华民族伟大复兴的必由之路；只有社会主义才能救中国，只有改革开放才能发展中国、发展社会主义、发展马克思主义。

在回顾历史进程的基础上，报告强调，改革开放以来我们取得一切成绩和进步的根本原因，归结起来就是：开辟了中国特色社会主义道路，形成了中国特色社会主义理论体系。高举中国特色社会主义伟大旗帜，最根本的就是要坚持这条道路和这个理论体系。

报告对科学发展观的内涵和根本要求作了进一步阐述。指出：科学发展观，第一要义是发展，核心是以人为本，基本要求是全面协调可持续，根本方法是统筹兼顾。科学发展观，是立足社会主义初级阶段基本国情，总结我国发展实践，借鉴国外发展经验，适应新的发展要求提出来的，是对党的三代中央领导集体关于发展的重要思想的继承和发展，是马克思主义关于发展的世界观和方法论的集中体现，是同马克思列宁主义、毛泽东思想、邓小平理论和"三个代表"重要思想既一脉相承又与时俱进的科学理论，是我国经济社会发展的重要指导方针，是发展中国特色社会主义必须长期坚持和贯彻的重大战略思想。

根据贯彻落实科学发展观的要求，报告适应国内外形势的新变化，顺应各族人民过上更好生活的新期待，把握经济社会发展趋势和规律，坚持中国特色社会主义的基本纲领，在十六大确立的全面建设小康社会目标基础上，对我国发展提出了新的更高要求。具体内容是：增强发展协调性，努力实现经济又好又快发展。在优化结构、提高效益、降低消耗、保护环境的基础上，实现人均国内生产总值到2020年比2000年翻两番。社会主义体制更加完善。扩大社会主义民主，更好保障人民权益和社会公平正义。公民政治参与有序扩大。加强文化建设，明显提高全民族文明素质。社会主义核心价值体系深入人心。加快发展社会事业，全面改善人民生活。建设生态文明，基本形成节约能源资源和保护生态环境的产业结构、增长方式、消费模式。

大会一致同意将科学发展观写入党章，一致同意在党章中把党的基本路线中的奋斗目标表述为"把我国建设成为富强民主文明和谐的社会主义现代化国家"。大会认为，把科学发展观和经济建设、政治建设、文化建设、社会建设四位一体的中国特色社会主义事业总体布局写入党章，对于夺取全面建设小康社会新胜利、开创中国特色社会主义事业新局面具有重大意义。

破浪前进

    党的十七大之后，全党和全国人民在以胡锦涛为总书记的党中央带领下开始了新的奋斗征程。改革开放继续深化，社会主义经济建设、政治建设、文化建设、社会建设、生态文明建设全面推进，并在应对国际国内复杂局势的各种考验中取得了一系列重大胜利。

    2008 年初，我国南方部分地区发生严重低温雨雪冰冻灾害，5 月12 日，四川汶川发生里氏 8.0 级特大地震。面对特大自然灾害，党中央和国务院立即作出有效部署，调集各方面力量抢险救灾，保护人民群众生命财产安全。党和国家及军队领导人亲赴第一线指挥，解放军和武警官兵迅即奔赴灾区展开救援，全党全军全国各族人民万众一心、

"5·12"汶川地震

众志成城、全力以赴，形成了抗御灾害的强大力量。在党中央、国务院、中央军委的坚强领导下，中国人民终于战胜了特大自然灾害，并且在抢险救灾斗争中再次显示了中华民族的优良传统和伟大精神。

在抗御自然灾害的同时，党中央团结带领全党全国各族人民，继续推进改革开放和各项建设事业，取得新的重大进展。根据国际经济环境的新变化和我国经济形势的新情况，党中央和国务院及时采取措施，把保持经济平稳较快发展、控制物价过快上涨作为宏观调控的首要任务，着力解决经济运行中的突出矛盾和问题，避免出现经济大起大落；继续推进重要领域和关键环节的改革，着力构建充满活力、富有效率、更加开放、有利于科学发展的体制机制；坚持对外开放基本国策，把"引进来"和"走出去"结合起来，拓展对外开放广度和深度，提高对外经济工作质量和水平；扎实推进社会主义核心价值体系建设，深入开展学习中国特色社会主义理论体系的宣传普及活动，弘扬以爱国主义为核心的民族精神和以改革创新为核心的时代精神，推进马克思主义理论研究和建设工程；坚持统筹经济社会发展，着力保障和改善民生，解决教育、劳动就业、社会保障、医疗卫生、劳动安全等方面存在的突出问题，健全基层社会管理体制，推动和谐社会建设。

2008 年 2 月，党的十七届二中全会通过《关于深化行政管理体制改革的意见》，明确提出到 2020 年建立比较完善的中国特色社会主义行政管理体制的总目标，要求实现政府职能向创造良好发展环境、提供优质公共服务、维护社会公平正义的根本转变，实现政府组织机构和人员编制向科学化、规范化、法制化的根本转变，实现行政运行机制和政府管理方式向规范有序、公开透明、便民高效的根本转变。该方案经十一届全国人大一次会议审议批准后正式实施。

举办奥运会是中华民族的百年期盼，是海内外中华儿女的共同心愿，也是我国对国际社会的郑重承诺。在接连遭遇重大自然灾害和反华势力干扰破坏的情况下，党中央强调，不论遇到什么困难和挑战，都要顺应全国各族人民的共同心愿，履行对国际社会的郑重承诺，确保办成一届有特色、高水平的运动会。

北京奥运

经过全党全军全国各族人民共同努力，北京奥运会、残奥会取得圆满成功，我国体育健儿取得金牌榜第一的优异成绩，充分表达了"同一个世界，同一个梦想"的主题，充分体现了团结、友谊、和平的奥林匹克精神，充分展现了我国改革开放和社会主义现代化建设的成就，充分展示了中国人民昂扬向上的精神风貌，增进了中国人民与世界各国人民的相互了解和友谊。

我国自行研制的神舟系列飞船航天飞行圆满成功，实现了我国空间技术发展具有里程碑意义的重大跨越，标志着我国成为世界上第三个独立掌握空间出舱关键技术的国家，对全国人民产生了极大的精神鼓舞。

在深化农村经营体制改革方面，集体林权制度改革迈出较大步伐。党中央、国务院于2008年6月8日下发了《关于全面推进集体林权制度改革的意见》。《意见》提出，用5年左右时间基本完成明晰产权、承包到户的改革任

务。在此基础上，通过深化改革、完善政策、健全服务、规范管理，逐步形成集体林业的良性发展机制，实现资源增长、农民增收、生态良好、林区和谐的目标。《意见》还明确规定，实行集体林地家庭承包经营，林地的承包期为 70 年，承包期届满，可以按照国家有关规定继续承包。

为进一步推进农村改革，10 月 9 日至 12 日，党的十七届三中全会通过了《中共中央关于推进农村改革发展若干重大问题的决定》，提出了推进农村改革发展的总体思路、加强农村制度建设的重大任务、发展现代农业的重大举措、发展农村公共事业的重大安排，对进一步推进农村改革发展作出了全面部署。

2008 年下半年，国际形势发生新的复杂变化，世界经济增长放缓，全球通货膨胀压力加大，由美国次贷危机引发的国际金融危机迅速蔓延。为规避国际金融危机带来的风险，2008 年 11 月 5 日，国务院召开常务会议，决定实行积极的财政政策和适度宽松的货币政策，确定了进一步扩大内需、促进经济平稳较快增长的十项措施。2009 年 3 月，十一届全国人大二次会议审议批准的政府工作报告提出，2009 年政府工作的主要任务是：以应对国际金融危机、促进经济平稳较快发展为主线，统筹兼顾，突出重点，全面实施促进经济平稳较快发展的一揽子计划。

进入新世纪，党中央继续坚持国防建设与经济建设协调发展的方针，全面推进国防和军队现代化建设。同时在发展对外关系方面，积极倡导和谐世界的理念，不断开创外交工作的新局面，并继续推进了祖国和平统一大业。

2004 年底，在军队一次重要会议上，胡锦涛主席着眼于实现党的三大历史任务，维护国家和民族的根本利益，明确提出新世纪新阶段我军肩负的历史使命，这就是："要为党巩固执政地位提供重要的力量保证，为维护国家发展的重要战略机遇期提供坚强的安全保障，为维护国家利益提供有力的战略支撑，为维护世界和平与促进共同发展发挥重要作用。"这是对新形势下我军地位作用、职能任务、发展目标的高度概括和科学总结，是人民军队历史使命的又一次与时俱进。

在继续推进国防和军队现代化建设的前进道路上，党中央和中央军委坚持党对军队的绝对领导，把思想政治建设摆在军队各项建设的首位，增强全军官兵高举旗帜、听党指挥的自觉性和坚定性。扎实推进军事斗争准备，精心组织战略战役演练，集中力量推进重点武器装备建设，重视抓好综合保障和国防动员工作。加强经常性战备工作，维护边防、海防、空防安全。落实军队编制调整改革，继 20 世纪 80 年代中期百万大裁军和 90 年代中后期裁军 50 万之后，决定到 2005 年前再裁减军队员额 20 万。坚持从严治军，重视军事立法工作，严格按条令条例管理教育部队，推进人才战略工程，提高正规化水平，确保军队高度稳定和集中统一。

面对深刻变化的国际形势，党高举和平、发展、合作的旗帜，坚持独立自主的和平外交政策，按照大国是关键、周边是首要、发展中国家是基础、多边是重要舞台的外交总体布局，全方位开展对外工作，为全面建设小康社会营造了良好的国际环境。

在积极推动同各大国关系稳定发展方面，加强同美国在经贸、能源、科技、卫生、反恐、防扩散、执法等领域的交流合作，妥善处理分歧，努力扩大利益交汇点，维护中美关系总体上稳定发展的势头。深化中俄战略协作伙伴关系，加强双边合作和双方在上海合作组织等多边框架内的合作，加强双方在重大国际和地区问题上的协调，深化两国经贸、投资、能源、科技等领域的交流合作。推动中欧全面合作，在国际和地区问题上增加共识，加强双边贸易和双方在科技、文化、教育领域的交流合作，不断充实中欧全面战略伙伴关系的内涵。促进中日两国人民的友好，推进各领域的交流和合作。

在周边外交方面。推进东亚区域合作，加入《东南亚友好合作条约》，实施推进中国——东盟战略伙伴关系行动计划，建立"十加一"合作机制，启动中国——东盟自由贸易区建设进程，在区域合作进程中发挥重要作用。推动上海合作组织深化反恐合作，采取主动措施推进成员国在经贸、能源资源、科技、基础设施建设等方面的合作。同印度建立面向和平与繁荣的战略合作伙伴关系，签订关于解决中印边界问题政治指导原则的协定。

加强同发展中国家的团结合作，巩固同越南、朝鲜、老挝、古巴的传统友谊，推进同巴西、印度、南非、墨西哥等发展中国家的对话和协调。

重视和支持联合国在维护世界和平、促进共同发展方面发挥核心作用。积极参与联合国改革方案的沟通和磋商，主动参与非传统安全领域的双边和多边合作，利用联合国等多边机构的资源，增强我国防范和应对各种安全威胁的能力。坚持实事求是、量力而行，妥善处理国际敏感问题和突发事件。在解决朝核问题、伊拉克问题和推动中东和平进程方面，发挥建设性作用。中国作为一个负责任的大国，在国际事务中正发挥着越来越大的作用。

党和政府还利用各种双边和多边场合，阐明我国坚持走和平发展道路的决心，积极倡导和推动建设"和谐世界"。2005年4月22日，国家主席胡锦涛在雅加达亚非首脑会议上首次提出建设"和谐世界"的主张。强调推动经济发展、改善人民生活始终是中国的中心任务，中国的发展主要依靠自己的力量，不会对任何人构成威胁，只会给世界带来更多的发展机遇和更广阔的市场；同时，中国坚持对外开放的基本国策，愿意同世界各国开展互利合作，共同致力于建设一个持久和平、共同繁荣的和谐世界。

香港和澳门回归祖国后，党中央、国务院坚定不移地贯彻"一国两制""港人治港""澳人治澳"、高度自治的方针，严格按照香港基本法和澳门基本法办事，全力支持香港和澳门两个特别行政区行政长官和政府的工作，广泛团结港澳各界人士，共同维护和促进香港和澳门的繁荣、稳定和发展。

中央对香港与澳门的繁荣和稳定给予了全力支持，不仅采取有力措施帮助香港、澳门成功地摆脱了亚洲金融危机带来的消极影响，而且通过进一步加强内地与港澳的联系，开展多领域的交流与合作，实施泛珠三角区域合作等一系列政策措施，促进港澳同内地的共同发展，为香港和澳门的繁荣与稳定提供了更广阔的发展空间。

实现祖国的完全统一，是海内外中华儿女的共同心愿。党中央根据海峡两岸关系和台湾形势的变化，在原有政策基础上又提出了一些新主张，采取了一些新举措，推动两岸关系不断取得新进展。2005年3月4日，胡锦涛就新形势下发展两岸关系提出四点意见，强调坚持一个中国原则决不动摇，争取和平统一的努力决不放弃，贯彻寄希望于台湾人民的方针决不改变，反对"台独"分裂活动决不妥协。四个"决不"的主张，在海峡两岸和国际社会产生了重大反响，受到普遍欢迎和高度评价。3月14日，十届全国人大三次会议高票通过《反分裂国家法》，将中央关于解决台湾问题、反对分裂祖国的大政方针以法律的形式固定下来。

在党中央正确方针的推动下，经过多方努力，两岸间的政党交流成功开启。2005年，台湾中国国民党主席连战、亲民党主席宋楚瑜以及新党主席郁慕明相继率团访问大陆。胡锦涛总书记分别同他们会见、会谈，共同发表公报，达成了坚持"九二共识"、反对"台独"、谋求台海和平稳定、促进两岸关系发展等多项共识。在中国共产党和中国国民党两党有关方面先后举办的三届两岸经贸文化论坛上，大陆方面共推出48项促进两岸交流合作、惠及台湾同胞的政策措施。中国共产党和亲民党有关方面也举办了两岸民间精英论坛。通过两岸政党的广泛交流与合作，进一步打开了遏制"台独"分裂活动、促进两岸关系发展的新局面。2007年9月，第62届联合国大会以压倒性多数否决了陈水扁当局唆使极少数国家提出的所谓"台湾加入联合国"提案。2008年3月，台湾举行地方领导人选举，在"台独"道路上越走越远的陈水扁当局终于被台湾人民所抛弃，国民党重新取得执政地位，两岸关系出现了有利于和平发展的新变化。

领导核心

　　把中国特色社会主义伟大事业不断推向前进，关键是要以改革创新精神全面推进党的建设新的伟大工程，在国内外形势深刻变化的条件下不断提高党的执政能力、保持和发展党的先进性，使党始终成为中国特色社会主义事业的坚强领导核心。

　　根据党的十七大作出的部署，党中央加紧建立健全保证党科学执政、民主执政、依法执政的体制机制，努力解决党内存在的突出矛盾和问题。一是加强理论武装工作，推动广大党员特别是各级领导干部自觉用中国特色社会主义理论体系指导客观世界和主观世界的改造。二是加强领导班子和干部队伍建设，强调德才兼备、以德为先的用人标准，对全国党政领导班子、后备干部队伍建设作出规划。三是加强人才工作，研究全国人才队伍建设中长期规划。四是加强基层党的建设，落实保持共产党员先进性的长效机制。五是加强党内民主建设，推进党务公开，充分发挥党员在党内事务中的参与、管理、监督作用。六是制定和实施今后五年建立健全惩治和预防腐败体系工作规划，不断把党风廉政建设和反腐败斗争引向深入。

　　党的十七大决定在全党开展深入学习实践科学发展观活动，这是用中国特色社会主义理论体系武装全党的重大举措。根据中央统一要求和部署，学习实践活动从 2008 年 3 月开始试点、同年 9 月全面启动，自上而下分三批进行，到 2010 年 2 月底基本结束，共有 370 多万个党组织、7500 多万名党员参加。经过全党共同努力，学习实践活动基本实现了提高思想认识、解决突出问题、创新体制机制、促进科学发展、加强基层组织的目标。

在中华人民共和国成立 60 周年之际，党中央于 2009 年 9 月召开十七届四中全会，进一步研究和部署以改革创新精神推进党的建设新的伟大工程，通过了《中共中央关于加强和改进新形势下党的建设若干重大问题的决定》。全会对新形势下加强和改进党的建设作出了战略部署：一是建设马克思主义学习型政党、提高全党思想政治水平。二是坚持和健全民主集中制、积极发展党内民主。三是深化干部人事制度改革、建设善于推动科学发展和促进社会和谐的高素质干部队伍。四是做好抓基层打基础工作、夯实党执政的组织基础。五是弘扬党的优良作风、保持党同人民群众的血肉联系。六是加快推进惩治和预防腐败体系建设、深入开展反腐败斗争。

这次全会的召开，对于全面贯彻党的十七大精神，深入贯彻落实科学发展观，保持经济平稳较快发展，夺取全面建设小康社会新胜利、开创中国特色社会主义事业新局面，具有重大而深远的意义。

宏伟蓝图

　　"十一五"时期，在党的领导下我国走向又好又快发展。国家先后制定和实施了中长期科技、人才、教育规划纲要，确立在经济社会发展中人才优先发展的战略布局，努力实现各类人才队伍协调发展。不断加大科技投入，基础研究和前沿技术研究得到加强，取得高性能计算机、第三代移动通信、超级杂交水稻等一批重大创新成果，突破了一批关键技术。

　　2008 年 8 月 1 日我国第一条高速铁路京津城际铁路开通，到"十一五"期末的 2010 年，我国高速铁路投入运营里程已达 7000 多公

我国第一条高铁京津城际铁路

里，成为世界高铁运营里程最长、速度最快的国家。坐在时速 350 公里的国产"和谐号"列车上，仅需 29 分钟就能从北京来到天津。高科技改变了中国人的生活，科技创新支撑和引领经济社会发展的能力明显增强。2008 年 9 月 27 日，"神舟七号"飞船航天员翟志刚在太空向祖国报告——"我已出舱，感觉良好。"实现了中国人的第一次太空漫步。我国航天技术达到了一个新水平。

在推动实施区域协调发展总体战略的基础上，我国还重点研究部署了推进西藏、新疆跨越式发展和长治久安的工作，并对加快四川、云南、甘肃、青海藏族聚居区经济社会发展作出全面部署。2010 年 1 月，中央召开第五次西藏工作座谈会，研究制定推动西藏经济社会发展的重大政策举措，强调坚持走有中国特色、西藏特点的发展路子，紧紧抓住发展和稳定两件大事，确保西藏各族人民物质文化生活水平不断提高，努力建设团结、民主、富裕、文明、和谐的社会主义西藏。2010 年 5 月，中央召开新疆工作座谈会，出台推进新疆跨越式发展和长治久安的重大政策举措，实施稳疆兴疆、富民固边战略，强调始终把推动科学发展作为解决一切问题的基础，始终把保障和改善民生作为全部工作的出发点和落脚点，始终把加强民族团结作为长治久安的根本保障。在中央正确部署、全国人民大力支援下，经过西藏、新疆人民的共同努力，推进西藏、新疆跨越式发展和长治久安工作正在全面有序展开。

经过五年的努力奋斗，我国胜利完成了"十一五"规划确定的主要目标和任务，社会生产力快速发展，综合国力大幅提升，人民生活明显改善，国际地位和影响力显著提高，社会主义经济建设、政治建设、文化建设、社会建设以及生态文明建设和党的建设取得重大进展，全面建设小康社会取得重大成就，谱写了中国特色社会主义事业新篇章。

"潮平两岸阔，风正一帆悬。"在"十一五"规划的各项任务即将完成时，党中央开始就"十二五"时期的改革发展和社会主义现代化建设进行科学谋划，研究部署。

2009年2月，胡锦涛总书记先后主持召开中央政治局常务委员会会议、中央政治局会议讨论决定，党的十七届五中全会研究关于制定国民经济和社会发展的第十二个五年规划的建议问题。"十二五"规划建议的起草工作由此正式启动。

2010年10月15日至18日，党的十七届五中全会在北京召开。全会深入总结"十一五"时期我国发展成就和经验，综合考虑未来国际国内发展趋势和条件，提出了今后5年我国发展的目标和任务，即：经济平稳较快发展，经济结构战略性调整取得重大进展，城乡居民收入普遍较快增加，社会建设明显加强，改革开放不断深化，使我国转变经济发展方式取得实质性进展，综合国力、国际竞争力、抵御风险能力显著提高，人民物质文化生活明显改善，全面建成小康社会的基础更加牢固。

这些目标和任务，突出了保持经济平稳较快发展、推进经济结构战略性调整、提高人民生活质量和水平、深化改革开放等方面的要求，涉及经济建设、政治建设、文化建设、社会建设以及生态文明建设各个方面，为推动"十二五"时期的科学发展描绘了宏伟蓝图，既鼓舞人心又艰巨繁重，需要全党同志全力以赴，确保这些目标如期实现。

百年目标
2010—2012.11.15

2012.11.15
中共十八届一中全会选举习近平为中央委员会总书记，决定习近平为中央军事委员会主席。

2012.11.8-14
中共十八大提出「两个一百年」奋斗目标：在中国共产党成立一百年时全面建成小康社会，在新中国成立一百年时建成富强民主文明和谐的社会主义现代化国家。

2010
我国国内生产总值接近40万亿元，超过日本成为世界第二大经济体。

从严治党
2012—2017

2012.11.15
在十八届中央政治局常委与中外记者见面会上，习近平总书记提出：「打铁还需自身硬。我们的责任就是同全党同志一道，坚持要管党、从严治党，切实解决自身存在的突出问题，切实改进工作作风，密切联系群众，使我们党始终成为中国特色社会主义事业的坚强领导核心。」

外交新局
2013—2017

2013.9-10
习近平主席访问中亚、东南亚期间，提出了「一带一路」建设合作倡议。

发展成就

2015
我国经济实力、科技实力、国防实力、国际影响力又上了一个大台阶，从各方面为全面建成小康社会奠定了坚实基础。

2014.11.1
第十二届全国人民代表大会常务委员会第十一次会议通过关于设立国家宪法日的决定，将12月4日设立为国家宪法日，国家通过多种形式开展宪法宣传教育活动。

2013-2015
网上零售额年均增长超过40%，「快递业务量年均增长超过50%。

2012-2017
农业连续增产增收，粮食产量实现「十一连增」。

2010- 2014
据世界银行数据，我国人均国民总收入由4300美元提高至7380美元。

决胜小康

2016 至 2020 年是我国实施国民经济和社会发展第十三个五年规划（即『十三五』）的时期，也是全面建成小康社会、实现我们党确定的『两个一百年』奋斗目标的第一个百年奋斗目标的决胜阶段。

历史巨变 → 理论创新 → 战略安排

中共十九大召开。习近平代表第十八届中央委员会向大会作了题为《决胜全面建成小康社会，夺取新时代中国特色社会主义伟大胜利》的报告。

党的十九大立足时代和全局的高度，着眼中国特色社会主义事业长远发展，对十八大以来党的理论创新成果进行总结和概括，郑重提出『习近平新时代中国特色社会主义思想』，并把这一思想确立为我们党的指导思想和行动指南，实现了党的指导思想的又一次与时俱进。

综合分析国际国内形势和我国的发展条件，从 2020 年到本世纪中叶可以分为两阶段来安排。第一个阶段，从 2020 年到 2035 年，在全面建成小康社会的基础上，再奋斗 15 年，基本实现社会主义现代化。第二个阶段，从 2035 年到本世纪中叶，在基本实现现代化的基础上，再奋斗 15 年，把我国建成富强民主文明和谐美丽的社会主义现代化强国。

战略部署 → 党建引领 → 追梦路上

党的十九大对继续推进新时代中国特色社会主义作出战略部署，强调指出，实现『两个一百年』奋斗目标、实现中华民族伟大复兴的中国梦，必须从八个方面做出新的努力。

党的十九大报告提出『以党的政治建设为统领』。

习近平主席在 2019 年新年贺词中说：『我们都在努力奔跑，我们都是追梦人。』

第八章
CHAPTER EIGHT

民族复兴

2012 年 11 月召开的中共十八大，着眼于实现中华民族伟大复兴提出了"两个一百年"奋斗目标，强调党将坚定不移沿着中国特色社会主义道路前进，为全面建成小康社会而奋斗。党的十八大以来，以习近平同志为核心的党中央团结带领全党全国各族人民，全面审视国际国内新的形势，通过总结实践、展望未来，深刻回答了新时代坚持和发展什么样的中国特色社会主义、怎样坚持和发展中国特色社会主义这个重大时代课题，创立了习近平新时代中国特色社会主义思想；坚持统筹推进"五位一体"总体布局、协调推进"四个全面"战略布局，坚持稳中求进工作总基调，对党和国家各方面工作提出一系列新理念新思想新战略，推动党和国家事业发生历史性变革、取得历史性成就，中国特色社会主义进入了新时代。2017 年 10 月召开的中共十九大，综合分析国际国内形势和我国发展条件，对开启全面建设社会主义现代化国家新征程作出"两步走"战略安排，号召全党为夺取新时代中国特色社会主义伟大胜利，为实现中华民族伟大复兴的中国梦不懈奋斗。

　　习近平主席在 2019 年新年贺词中说：2019 年，我们将隆重庆祝中华人民共和国 70 周年华诞。70 年披荆斩棘，70 年风雨兼程。人民是共和国的坚实根基，人民是我们执政的最大底气。新征程上，不管乱云飞渡、风吹浪打，我们都要紧紧依靠人民，坚持自力更生、艰苦奋斗，以坚如磐石的信心、只争朝夕的劲头、坚韧不拔的毅力，一步一个脚印把前无古人的伟大事业推向前进。

百年目标

2010 年，是我国改革开放和社会主义现代化建设进程中的一个重要历史节点。这一年，我国国内生产总值达到 401513 亿元，比上年增长 10.4%，国内生产总值增长速度明显快于世界主要国家或地区。根据日本政府公布的 2010 年年度国内生产总值数据，我国已经超过日本成为世界第二大经济体。同时，这一年的经济总量是 2000 年的两倍多，大大超过了 1997 年党的十五大提出的 21 世纪"第一个十年实现国民生产总值比 2000 年翻一番"的预期目标。2011 年，我国经济继续保持平稳较快增长，国内生产总值达到 47.3 万亿元。这标志着我国综合国力已有大幅提升。在这样的基础上，2012 年 11 月召开的党的十八大满怀信心地进一步重申了党的十五大提出的两个一百年奋斗目标（即新"三步走"战略的第二、第三步目标）——在中国共产党成立一百年时全面建成小康社会，在新中国成立一百年时建成富强民主文明和谐的社会主义现代化国家。

2012 年 11 月 8 日至 14 日，中国共产党第十八次全国代表大会在北京召开。这是在我国进入全面建成小康社会决定性阶段召开的一次十分重要的大会。大会的主题是：高举中国特色社会主义伟大旗帜，以邓小平理论、"三个代表"重要思想、科学发展观为指导，解放思想，改革开放，凝聚力量，攻坚克难，坚定不移沿着中国特色社会主义道路前进，为全面建成小康社会而奋斗。这个主题，回答了举什么旗、走什么路，以什么样的精神状态、朝着什么样的目标前进的问题。

党的十八大正确分析和判断国际国内形势变化新特点，认为世情、国情、党情继续发生深刻变化，我国面临的发展机遇和风险挑战前所未有，必须更加奋发有为、兢兢业业地工作，继续推动科学发展、促进社会和谐，继续改善人民生活、增进人民福祉，完成时代赋予的光荣而艰巨的任务。

十八大报告总结十六大以后十年的奋斗历程，认为最重要的就是勇于推进实践基础上的理论创新，形成和贯彻了科学发展观。科学发展观是中国特色社会主义理论体系最新成果，是中国共产党集体智慧的结晶，是指导党和国家全部工作的强大思想武器。科学发展观同马克思列宁主义、毛泽东思想、邓小平理论、"三个代表"重要思想一道，是党必须长期坚持的指导思想。面向未来，深入贯彻落实科学发展观，对坚持和发展中国特色社会主义具有重大现实意义和深远历史意义，必须把科学发展观贯彻到我国现代化建设全过程、体现到党的建设各方面。

报告强调了"坚定不移走中国特色社会主义道路"的重要性，指出：道路关乎党的命脉，关乎国家前途、民族命运、人民幸福。在改革开放 30 多年一以贯之的接力探索中，我们坚定不移高举中国特色社会主义伟大旗帜，既不走封闭僵化的老路，也不走改旗易帜的邪路。中国特色社会主义道路，中国特色社会主义理论体系，中国特色社会主义制度，是党和人民 90 多年奋斗、创造、积累的根本成就，必须倍加珍惜、始终坚持、不断发展。只要我们胸怀理想、坚定信念，不动摇、不懈怠、不折腾，顽强奋斗、艰苦奋斗、不懈奋斗，就一定能在中国共产党成立一百年时全面建成小康社会，就一定能在新中国成立一百年时建成富强民主文明和谐的社会主义现代化国家。

十八大报告着眼于实现中华民族伟大复兴，进一步明确了全面建成小康社会和全面深化改革开放新的目标要求。这就是：

——经济持续健康发展。转变经济发展方式取得重大进展，在发展平衡性、协调性、可持续性明显增强的基础上，实现国内生产总值和城乡居民人均收入比 2010 年翻一番。科技进步对经济增长的贡献率大幅上升，进入创新型国家行列。工业化基本实现，信息化水平大幅提升，城镇化质量明显提高，农业现代化和社会主义新农村建设成效显著，区域协调发展机制基本形成。对外开放水平进一步提高，国际竞争力明显增强。

——人民民主不断扩大。民主制度更加完善，民主形式更加丰富，人民积极性、主动性、创造性进一步发挥。依法治国基本方略全面落实，法治政府基本建成，司法公信力不断提高，人权得到切实尊重和保障。

——文化软实力显著增强。社会主义核心价值体系深入人心，公民文明素质和社会文明程度明显提高。文化产品更加丰富，公共文化服务体系基本建成，文化产业成为国民经济支柱性产业，中华文化走出去迈出更大步伐，社会主义文化强国建设基础更加坚实。

——人民生活水平全面提高。基本公共服务均等化总体实现。全民受教育程度和创新人才培养水平明显提高，进入人才强国和人力资源强国行列，教育现代化基本实现。就业更加充分。收入分配差距缩小，中等收入群体持续扩大，扶贫对象大幅减少。社会保障全民覆盖，人人享有基本医疗卫生服务，住房保障体系基本形成，社会和谐稳定。

——资源节约型、环境友好型社会建设取得重大进展。主体功能区布局基本形成，资源循环利用体系初步建立。单位国内生产总值能源消耗和二氧化碳排放大幅下降，主要污染物排放总量显著减少。森林覆盖率提高，生态系统稳定性增强，人居环境明显改善。

报告还强调指出：全面建成小康社会，必须以更大的政治勇气和智慧，不失时机深化重要领域改革，坚决破除一切妨碍科学发展的思想观念和体制机制弊端，构建系统完备、科学规范、运行有效的制度体系，使各方面制度更加成熟更加定型。为此，十八大将中国特色社会主义事业总体布局从"四位一体"扩展为"五位一体"。"五位一体"的总体布局，对应着全国老百姓在经济、政治、文化、社会、生态方面的五大权益。特别是通过生态文明建设，我们党和国家将在实现当代人利益的同时，给自然留下更多修复空间，给农业留下更多良田，给子孙后代留下天蓝、地绿、水净的美好家园。这表明，党对中国特色社会主义建设规律的认识和实践都达到了新的水平。

同时，十八大报告对党的建设也作出了"五位一体"的总体部署，强调：全党要增强紧迫感和责任感，牢牢把握加强党的执政能力建设、先进性和纯洁性建设这条主线，坚持解放思想、改革创新，坚持党要管党、从严治党，全面加强党的思想建设、组织建设、作风建设、

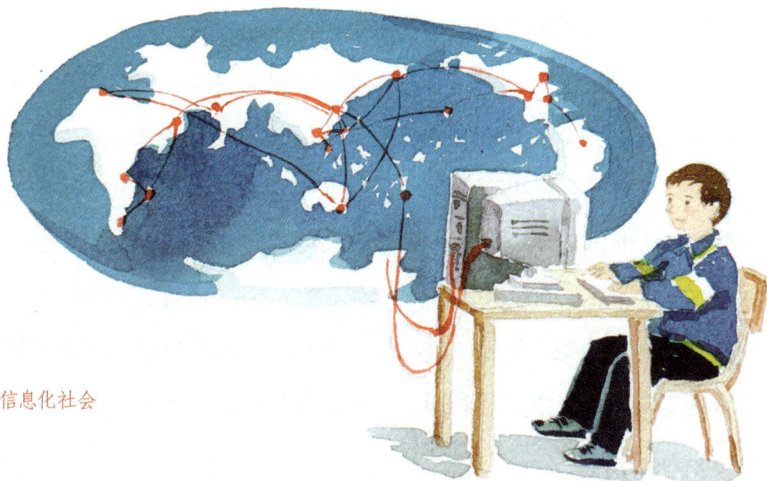

信息化社会

反腐倡廉建设、制度建设，增强自我净化、自我完善、自我革新、自我提高能力，建设学习型、服务型、创新型的马克思主义执政党，确保党始终成为中国特色社会主义事业的坚强领导核心。

11 月 15 日，党的十八届一中全会选举习近平为中央委员会总书记，决定习近平为中央军事委员会主席。

从严治党

2012 年 11 月 15 日上午，在十八届中央政治局常委与中外记者见面会上，习近平总书记掷地有声地提出："打铁还需自身硬。我们的责任就是同全党同志一道，坚持党要管党、从严治党，切实解决自身存在的突出问题，切实改进工作作风，密切联系群众，使我们党始终成为中国特色社会主义事业的坚强领导核心。"这是习近平总书记在履新的第一天向全党发出的从严治党"动员令"。此后，党中央坚持把从严治党摆在突出位置，作出了一系列重大部署。

一是加强思想理论武装，深入开展理想信念教育，注重用好红色教育资源，充分发挥正反典型的教育警示作用，严肃党内政治生活，重新拿起批评和自我批评武器，开展积极健康的思想斗争，增强党内政治生活的政治性、原则性、战斗性。

二是聚焦"四风"狠抓作风建设，及时制定和严格实施八项规定，扎实开展党的群众路线教育实践活动，深入推进"三严三实"专题教育，在全党开展"两学一做"学习教育并使之常态化制度化。

三是选拔忠诚、干净、担当的好干部，修订《干部任用条例》，强化党组织领导和把关作用，改进民主推荐、民主测评，重点改进地方党政领导班子和领导干部政绩考核工作，坚决纠正一些地方简单以年龄划杠、任职年龄层层递减的现象，着力破解"唯票、唯分、唯

GDP、唯年龄"问题。

四是从严管理监督干部，完善从严管理干部队伍制度体系，开展突出问题专项整治，严格日常管理监督，注重关心关爱干部特别是基层干部，提高老少边穷地区、特殊岗位以及基层干部待遇。

五是建设学习型、服务型、创新型基层党组织，进一步突出政治功能，强化服务功能。健全县乡村三级便民服务网络，加强农村、社区党的建设，总结推广浙江、吉林等地经验，构建城乡统筹的基层党建新格局，加大软弱涣散基层党组织整顿力度。坚持党员发展标准，切实提升发展党员的质量，加强对党员队伍总体规模的调控，适当控制党员数量增长过快势头，严格党员教育管理，制定实施党员教育培训工作五年规划；落实党建工作责任制，全面开展市县乡党委书记抓基层党建述职评议考核，使基层党建由"软任务"变成了"硬指标"，强化各级党组织书记管党治党的主责主业意识。

六是依纪依法严惩腐败，查处严重违纪违法案件取得重大进展。党的十八大以来，共立案查处中管干部超过 220 人，对周永康、徐才厚、令计划、郭伯雄、苏荣等高级领导干部严重违纪问题进行立案审查，对山西省、中石油等地方和单位多年积累的严重腐败问题进行严肃处理，彰显了我们党反对腐败的坚定决心和坚强意志。加强和改进巡视工作，制定中央巡视工作五年规划，确定中央巡视工作方针，修订颁布巡视工作条例，推动了巡视工作扎实有效开展，充分发挥了震慑、遏制和治本作用，成为反腐败斗争的一把"利剑"。落实党委（党组）主体责任和纪委（纪检组）监督责任，加大追责问责力度，对山西发生塌方式腐败负有责任的省委班子进行了改组性质的调整，严肃处理了湖南衡阳破坏选举案、四川南充拉票贿选案的有关责任人。大力推动纪检体制改革，强化上级纪委对下级纪委的领导，推进纪检机关转职能、转方式、转作风，强化监督执纪问责；全面落实中央纪委向中央一级党和国家机关派驻纪检机构，充分发挥"派"的权威和"驻"的优势。

七是加强党内法规制度建设。修订党内法规制定条例，编制党内法规制定工作第一个五年规划，首次开展党内法规清理，制定出台50余件重要党内法规；扎实推进党的建设制度改革，按照中央全面深化改革总体部署，成立党的建设制度改革专项小组，从深化党的组织制度、干部人事制度、基层组织建设制度、人才发展体制机制改革4个方面，提出了55项具体改革任务。中央改革办专门成立了督察局，对重点改革文件执行情况进行督察。把党内法规执行纳入党委督察重要内容，建立健全党内法规执行检查常态化机制，坚决维护制度的严肃性和权威性。

全面从严治党，是新一届中央领导集体治国理政最鲜明的特征。它与全面建成小康社会、全面深化改革、全面依法治国一起构成了"四个全面"战略布局并且为其他"三个全面"提供政治引领和组织保证。

外交新局

党的十八大以来，以习近平同志为总书记的党中央继续高举和平、发展、合作、共赢的旗帜，坚定奉行独立自主的和平外交政策和互利共赢的开放战略，致力于维护世界和平、促进共同发展，推动开放型经济发展取得新成就，进一步开创了中国外交和对外开放的新局面，使中国特色社会主义道路展现出更加广阔的发展前景。

一是用"亲、诚、惠、容"理念经略和塑造周边。倡导和坚持与邻为善、以邻为伴，坚持睦邻、安邻、富邻，突出体现亲、诚、惠、容的理念。在实践中，提出通过坚持讲信修睦、坚持合作共赢、坚持守望相助、坚持心心相印、坚持开放包容和"2+7"合作框架发展与东盟的关系，打造更加紧密的中国—东盟命运共同体。坚决反对日本歪曲历史和破坏战后国际秩序的图谋。处理南海问题，赞成并倡导"双轨思路"。

二是积极推动建立长期稳定健康发展的新型大国关系。继续深化中俄全面战略协作伙伴关系，重点加大相互政治支持，坚定支持对方维护国家主权、安全、发展利益的努力，走符合本国国情的发展道路。推动中美建立不对抗不冲突、相互尊重、合作共赢的新型大国关系，开创大国关系发展新模式。加强与发展中欧关系，强调中国和欧盟要做和平伙伴，带头走和平发展道路；要做增长伙伴，相互提供发展机遇；要做改革伙伴，相互借鉴、相互支持；要做文明伙伴，为彼此进步提供更多营养。

三是以正确义利观和新框架深化与发展中国家合作。以"真、实、亲、诚"和"461"框架打造中非合作升级版。以"1+2+3"合作格局深化中阿天然合作伙伴关系。以"1+3+6"合作新框架构建中拉关系五位一体新格局。坚持同金砖国家做好朋友、好兄弟、好伙伴，发扬金砖国家独特的合作伙伴精神，推动金砖国家形成更紧密、更全面、更牢固的伙伴关系。做世界和平的维护者、全球安全的促进者、国际安全秩序的建设者，将共同打击恐怖主义和维护网络安全作为重点合作领域，倡导新的安全观，共同维护以联合国为核心的国际安全合作体系。

四是积极开展多边外交。支持联合国、二十国集团、上海合作组织、金砖国家等发挥积极作用，推动国际秩序和国际体系朝着公正合理的方向发展。在联合国、APEC 会议、中国—东盟峰会、金砖国家峰会、上合组织会议、朝核问题六方会谈机制、伊核问题国际会议机制以及博鳌亚洲论坛等各种多边场合，中国领导人充分利用多边机制的舞台作用，展示了中国外交的新理念、新风格。

五是扎实推进公共外交和人文交流，维护我国海外合法权益。重视公共外交，传播好中国声音，讲好中国故事，向世界展现一个真实、立体、全面的中国。开展同各国政党和政治组织的友好往来，加强人大、政协、地方、民间团体的对外交流，夯实国家关系发展社会基础。多领域、多渠道、多层次开展民间对外友好交流，广交朋友、广结善缘，以诚感人、以心暖人、以情动人，引导国外机构和优秀人才以各种方式参与中国现代化建设。

此外，还积极推动与各国合作共赢，让命运共同体落地生根。摒弃"你输我赢，非赢即输"的陈旧思维，在经济上，强调寻求共同利益，主张共同发展和繁荣；在政治上，强调相互尊重、平等相待；在安全上，强调既重视自身安全，又重视共同安全，推动各方朝着互利共赢、共同安全的目标相向而行；在文化上，强调包容互鉴、共生共存，主张"各美其美，美美与共"。

在对外开放方面，实施更加积极主动的开放战略，开放型经济对经济社会发展的贡献日益突出。一是贸易大国地位得到巩固和提升，连续两年成为世界货物贸易第一大国。二是利用外资水平不断提高，连续 23 年位居发展中国家首位。三是走出去步伐加快，对外投资连续 3 年位居世界第三。四是多双边经贸关系取得新成果，参与国际经济治理的话语权和主导权增强，中国积极参与二十国集团、金砖国家等机制建设，充分利用联合国、亚太经合组织、亚欧会议等平台，成

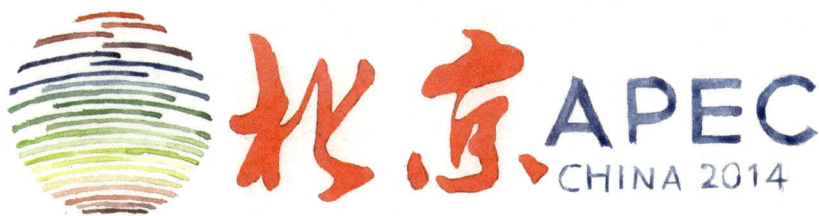

APEC 会议

功举办了 APEC 北京峰会、G20 杭州峰会，引导国际经济秩序朝于我有利方向发展。

自贸试验区建设主要任务是推动体制机制创新，探索我国对外开放的新路径和新模式，为全面深化改革、扩大开放积累经验。国务院批准设立上海、广东、天津、福建等自贸试验区以来，自贸试验区建设取得了积极进展。一是以负面清单管理为核心的外商投资管理制度基本建立。二是以贸易便利化为重点的贸易监管制度有效运行。三是以资本项目可兑换和金融服务业开放为目标的金融创新制度有序推进。四是逐步在全国推行自贸试验区经验。

建设"一带一路"是以习近平同志为核心的党中央统筹国内国际两个大局做出的重大战略决策。2013 年，习近平主席访问中亚、东南亚期间，提出了"一带一路"建设合作倡议。近两年来，按照党中央、国务院的总体部署，秉承共商共建共享原则，紧紧围绕"五通"，全面推进与沿线国家各领域务实合作，取得了阶段性成果。一是合作规模不断扩大。2014 年，我国与沿线国家贸易总额达到 1.12 万亿美元，占我贸易总额的 26%；对外直接投资 125 亿美元，占我对外投资总额的 12.1%，完成工程承包营业额 643 亿美元，接近总额的一半。二是合作领域不断拓展，从传统的商品和劳务输出为主发展到商品、服务、资本输出"多头并进"，从单个企业走出去发展到通过境外经贸合作区建设集群式走出去。三是一批重大合作项目扎实推进。中国—中亚天然气管道 D 线、中俄东线天然气管道、中哈连云港物流合作基地、巴基斯坦瓜达尔港、匈塞铁路等项目进展顺利，中白工业园、中马钦州产业园和马中关丹产业园、中印尼综合产业园、中埃苏伊士经贸合作区等园区加快建设。这些项目促进了相关国家经济社会发展，带动了就业和民生改善，展现了"一带一路"建设的广阔前景。2017 年 5 月

14 日至 15 日，在北京成功举办"一带一路"国际合作高峰论坛，在新时期中国特色大国外交的实践历程中，写下了浓墨重彩的一页。

"一带一路"

发展成就

　　党的十八大以来，以习近平同志为核心的党中央毫不动摇坚持和发展中国特色社会主义，励精图治、奋发有为，勇于实践、善于创新，积极适应和把握引领我国经济发展新常态，着力实施全面建成小康社会、全面深化改革、全面依法治国、全面从严治党战略布局，牢固树立和贯彻落实创新、协调、绿色、开放、共享的新发展理念。我国经济社会发展再上新台阶、再展新画卷，为全面建成小康社会、实现中华民族伟大复兴的中国梦打下了坚实的基础。

　　经济保持持续较快发展，经济总量稳居世界第二位，人均国内生产总值增至 49351 元（折合 7924 美元）。党中央积极应对国际金融危机持续影响等一系列重大风险挑战，适应和引领经济发展新常态，不断创新和完善宏观调控，推动形成经济结构优化、发展动力转换、发展方式转变加快的良好态势。我国经济体量持续扩大，增量尤为可观，对世界经济增长的贡献率超过 25%。新旧动力有序转换，创新驱动后劲增强。党中央把创新摆在国家发展全局的核心位置，不断深化科技体制改革，奋力推进"大众创业、万众创新"，大力实施"互联网＋"和"中国制造 2025"，创新对经济社会发展的支撑和引领作用日益凸显，发展后劲不断增强。创业创新热潮涌动。新产业、新业态、新商业模式方兴未艾。2013—2015 年，网上零售额年均增长超过 40%；快递业务量年均增长超过 50%；新能源汽车、工业机器人、光电子器件等高新技术产品高速增长。

结构调整稳中有进，经济发展协调性增强。党中央把稳增长的压力转化为调结构的动力，既利用市场倒逼机制，又加强政策引导，既坚决淘汰化解过剩产能，又力促服务业和消费加快发展，经济转型升级势头良好，第三产业占比持续提高，服务业主导特征更加突出。与此同时，农业连续增产增收，粮食产量实现"十一连增"。

基础设施水平全面跃升，高技术产业、战略性新兴产业加快发展，一批重大科技成果达到世界先进水平。交通、水利、能源、信息等基础设施建设步伐加快。高效、便捷的铁路网、公路网、航空运输网、城际铁路网、航道网逐渐形成。建设了一批跨流域调水和骨干水源工程。信息化水平全面提高，新一代移动通信网、下一代互联网、数字广播电视网、卫星通信等设施建设加快，逐步形成了超高速、大容量、高智能国家干线传输网络，推动了三网互联互通和业务融合。科技创新能力明显增强，科技整体水平加速提升。科技体制改革取得重要突破，企业的技术创新主体地位增强，大众创业、万众创新蓬勃开展。《促进科技成果转化法》修订实施、国家科技计划项目和经费管理、科技资源开放共享等重点领域改革正在全面推进，高温超导、量子理论、干细胞研究等基础科研领域取得重要突破，载人航天和探月、载人深潜、高性能计算、移动通信和新能源汽车等工程技术领域取得骄人成就，全社会大众创业、万众创新如火如荼，众创空间发展势头强劲。

民生事业持续改善，发展成果全民共享。在经济下行压力加大的情况下，党中央坚持民生优先，不断深化养老、医疗、教育等领域改革，民生事业持续改善，民生保障网越织越牢。居民收入较快增长，减贫成绩突出，城镇保障性安居工程建设和棚户区改造有力推进。国家统一了城乡居民基本养老保险制度，提高"新农合"筹资水平，全面启动机关事业养老保险制度改革，覆盖城乡居民的社会保障体系不断健全，保障水平稳步提高。新增就业持续增加，贫困人口大幅减少，人民生活水平和质量进一步提高。就业和物价总体稳定，居民收入较快增长。据世界银行数据，我国人均国民总收入由 2010 年的 4300 美元提高至 2014 年的 7380 美元，在上中等收入国家中的位次不断提高。对于有 13 亿多人口的大国来讲，这是了不起的成就。

公共服务体系基本建立、覆盖面持续扩大，教育水平明显提升，全民健康状况明显改善。覆盖城乡居民的社会保障体系不断健全，社会事业和民生保障的财政支出逐年增大，养老、医疗、住房等社会保障水平稳步提高，新型农村养老保险和城镇居民养老保险合并为统一的城乡居民基本养老保险制度，城乡居民最低生活保障标准年均增长 10% 以上，全国城镇保障性安居工程建设提速。文化事业、产业繁荣发展，各项重点文化惠民工程提前实现"十二五"目标，图书馆、文化馆、科技馆等公共文化设施向社会免费开放。文化产业快速增长，文化市场繁荣活跃，国际传播能力显著提升，国家文化软实力不断增强。深入推进群众性精神文明创建活动，中华民族伟大复兴的中国梦和社会主义核心价值观深入人心，全党全国人民团结奋斗的共同思想基础更加巩固。各级各类教育发展水平明显提高。九年义务教育全面普及，现代职业教育体系框架基本形成，高等教育规模稳步扩大。教育领域综合改革不断深化，考试招生制度改革全方位推展，以管办评分离为导向的教育管理体制和办学体制改革出现新的格局。医疗卫生事业取得显著成绩，医疗保障制度得到完善，大病医保覆盖所有城乡居民基本医保参保人群，疾病应急救助制度全面建立，城乡基层医疗卫生服务体系不断完善，公立医院综合改革全面推开，医改综合改革试点取得进展。

生态文明建设取得新进展，主体功能区制度逐步健全，主要污染物排放持续减少，节能环保水平明显提升。保护生态环境就是保护生产力，改善生态环境就是发展生产力。面对日趋强化的资源环境约束，党中央着力改变过去高污染、高排放、高消耗的发展方式，加快构建资源节约、环境友好的生产方式和消费模式，我国节能降耗取得明显成效。能源消费结构深刻变化，能源利用效率整体提升，高耗能行业投资增长低于整体，生态文明制度、法律法规不断完善，相关的体制机制改革和重点建设任务全面推进。

全面深化改革有力推进，经济体制继续完善。坚持改革方向，最大程度激发微观主体活力和创造力。注重厘清政府与市场边界，充分发挥市场在资源配置中的决定性作用和更好发挥政府作用，为经济稳定增长提供了重要的体制机制保障。积极稳妥地推进财税、金融、国有企业等重点领域改革，坚持改革方向，更好地助力转型升级。瞄准体制性、结构性问题，着力加强供给侧结构性改革。以新供给创造新需求，从供给侧实现新跃升，这是宏观调控思路与时俱进的一次重大变革。

对外开放不断深入，成为全球第一货物贸易大国和主要对外投资大国，人民币纳入国际货币基金组织特别提款权货币篮子。加快构建开放型经济新体制，深入实施"一带一路"建设，筹建和成立亚洲基础设施投资银行，加快自由贸易试验区建设，推进人民币国际化进程，以开放的主动赢得了发展的主动、国际竞争的主动。建设"一带一路"有利于发掘潜在的合作机会，释放沿线各国的发展潜力，也有利于拓展国际市场，推动"中国制造"走出去。

人民民主不断扩大，依法治国开启新征程。民主制度更加完善，民主形式更加丰富；依法治国基本方略全面、深入、扎实推进，宪法的地位和作用得到进一步彰显和加强，将每年12月4日确定为国家宪法日，在全社会弘扬宪法精神；深入推进科学立法、民主立法，加强重点领域立法，中国特色社会主义法律体系不断完善；深入推进依法行政，法治政府建设步伐加快；深入推进公正司法，深化司法体制改革，设立巡回法庭，审理跨行政区域案件；设立知识产权法院，加强知识产权司法保护；推进以审判为中心的诉讼制度改革，冤假错案预防和纠正机制不断健全。深入推进法治社会建设，健全普法宣传教育机制，提高社会治理法治化水平；法律服务体系建设日趋完备，法律援助制度不断完善，依法维权和矛盾纠纷解决机制不断健全；加强和改进党对法治工作的领导，党依据宪法法律治国理政的能力与水平不断提高。

国防和军队建设成就显著。加速推进中国特色军事变革，强军兴军迈出新步伐。坚持用党的创新理论武装全军，实现军事战略指导新飞跃，军队现代化战略转型成果丰硕。部队信息化综合集成建设加快推进，全面建设现代后勤不断深化，航空母舰、大型运输机、新型战略导弹等高新技术武器研制取得重要突破。国防和军队改革有序推进。军民融合体制机制日趋完善，国防科技工业综合实力显著增强。严密组织海洋维权和重大军事行动，有力捍卫了国家主权、安全和发展利益。积极开展国际军事合作，成功进行中俄海上联合军事演习和上合组织联合军事演习，积极参加亚丁湾护航和利比亚、也门撤侨，支援西非抗击埃博拉疫情，为维护地区稳定和世界和平发挥了重要作用。

这些成就表明，我国经济实力、科技实力、国防实力、国际影响力又上了一个大台阶，从各方面为全面建成小康社会奠定了坚实基础。

亚丁湾护航

决胜小康

    2016 年至 2020 年是我国实施国民经济和社会发展第十三个五年规划（即"十三五"）的时期，也是全面建成小康社会、实现我们党确定的"两个一百年"奋斗目标的第一个百年奋斗目标的决胜阶段。制定和实施好"十三五"规划建议，阐明党和国家战略意图，明确发展的指导思想、基本原则、目标要求、基本理念、重大举措，描绘好未来5 年国家发展蓝图，事关全面建成小康社会、全面深化改革、全面依法治国、全面从严治党战略布局的协调推进，事关我国经济社会持续健康发展，事关社会主义现代化建设大局。

    为制定好"十三五"规划，2015 年 1 月，中共中央政治局决定，党的十八届五中全会审议"十三五"规划建议，并成立由习近平总书记担任组长，李克强总理、张高丽副总理担任副组长，有关部门和地方负责同志参加的文件起草组，在中央政治局常委会领导下承担建议稿起草工作。1 月 28 日，党中央发出《关于对党的十八届五中全会研究"十三五"规划建议征求意见的通知》，在党内一定范围征求意见和建议。2 月 10 日，文件起草组召开第一次全体会议，建议稿起草工作正式启动。

    文件起草组成立后，深入开展专题调研，广泛征求各方意见。在征求意见过程中，大家普遍认为，"十三五"时期我国发展仍处于可以大有作为的重要战略机遇期，但战略机遇期内涵发生深刻变化，我国发展既面临许多有利条件，也面临不少风险挑战。希望通过制定建议明确"十三五"时期我国经济社会发展的基本思路、主要目标，特别是要以新的发展理念推动发展，提出一些具有标志性的重大战略、重大工程、重大举措，着力解决突出问题和明显短板，确保如期全面建成小康社会，保持经济社会持续健康发展。为此，各方面提出了许多好的意见和建议，主要有以下6个方面：一是建议对"十三五"时期我国发展面临的机遇和挑战作出更加深入和更具前瞻性的分析概括。二是建议进一步突出人民群众普遍关心的就业、教育、社保、住房、医疗等民生指标。三是建议抓住新一轮科技革命带来的机遇，将优势资源集聚到重点领域，力求在关键核心技术上取得突破。四是建议进一步提高绿色指标在"十三五"规划全部指标中的权重，把保障人民健康和改善环境质量作为更具约束性的硬指标。五是建议重视促进内陆地区特别是中西部地区对外开放。六是建议更加注重通过改善二次分配促进社会公平，明确精准扶贫、精准脱贫的政策举措，把更多公共资源用于完善社会保障体系。文件起草组在起草过程中，充分考虑、认真吸收了各方面意见和建议。

建议稿的起草，充分考虑了"十三五"时期我国经济社会发展的趋势和要求。一是"十三五"规划作为我国经济发展进入新常态后的第一个五年规划，必须适应新常态、把握新常态、引领新常态。二是面对经济社会发展新趋势新机遇和新矛盾新挑战，谋划"十三五"时期经济社会发展，必须确立新的发展理念，用新的发展理念引领发展行动。为此，建议稿提出了创新、协调、绿色、开放、共享的发展理念，并以这五大发展理念为主线对建议稿进行谋篇布局。这五大发展理念，是"十三五"乃至更长时期我国发展思路、发展方向、发展着力点的集中体现，也是改革开放 30 多年来我国发展经验的集中体现，反映出我们党对我国发展规律的新认识。三是"十三五"规划作为全面建成小康社会的收官规划，必须紧紧扭住全面建成小康社会存在的短板，在补齐短板上多用力，着力提高发展的协调性和平衡性。

建议稿形成后，中央政治局决定下发党内一定范围征求意见，包括征求党内部分老同志意见，还专门听取了民主党派中央、全国工商联负责人和无党派人士意见。其间，中央政治局常委会召开 3 次会议、中央政治局召开 2 次会议分别审议建议稿。各地区各部门对建议稿给予充分肯定，认为建议稿体现了"四个全面"战略布局和"五位一体"总体布局，反映了党的十八大以来党中央决策部署，顺应了我国经济发展新常态的内在要求，有很强的思想性、战略性、前瞻性、指导性。建议稿坚持问题导向，聚焦突出问题和明显短板，回应人民群众诉求和期盼，提出一系列新的重大战略和重要举措，对保持经济社会持续健康发展具有重要推动作用。

建议稿提出了一系列新的发展要求和重大举措。比如：关于经济保持中高速增长，建议稿提出今后 5 年经济保持中高速增长的目标，确保到 2020 年实现国内生产总值和城乡居民人均收入比 2010 年翻一番的目标；关于户籍人口城镇化率加快提高，建议稿提出要加快落实中央确定的使 1 亿左右农民工和其他常住人口在城镇定居落户的目标；关于我国现行标准下农村贫困人口实现脱贫、贫困县全部摘帽、解决区域性整体贫困，建议稿提出通过实施脱贫攻坚工程，实施精准扶贫、精准脱贫，实现 7017 万农村贫困人口脱贫目标；关于实施一批国家重大科技项目和在重大创新领域组建一批国家实验室，建议稿提出以国家目标和战略需求为导向，瞄准国际科技前沿，布局一批体量更大、学科交叉融合、综合集成的国家实验室，优化配置人财物资源，形成协同创新新格局，形成代表国家水平、国际同行认可、在国际上拥有话语权的科技创新实力，成为抢占国际科技制高点的重要战略创新力量。此外，还提出加强统筹协调、改革并完善适应现代金融市场发展的金融监管框架，实行能源和水资源消耗、建设用地等总量和强度双控行动，探索实行耕地轮作休耕制度试点，实行省以下环保机构监测监察执法垂直管理制度，全面实施一对夫妇可生育两个孩子政策，等等。

2015年10月26日至29日，中国共产党第十八届中央委员会第五次全体会议在北京举行。全会听取和讨论了习近平受中央政治局委托作的工作报告，审议通过了《中共中央关于制定国民经济和社会发展第十三个五年规划的建议》。习近平就《建议（讨论稿）》向全会作了说明。

全会深入分析了"十三五"时期我国发展环境的基本特征，认为我国发展仍处于可以大有作为的重要战略机遇期，也面临诸多矛盾叠加、风险隐患增多的严峻挑战。我们要准确把握战略机遇期内涵的深刻变化，更加有效地应对各种风险和挑战，继续集中力量把自己的事情办好，不断开拓发展新境界。

全会提出了"十三五"时期我国发展的指导思想：高举中国特色社会主义伟大旗帜，全面贯彻党的十八大和十八届三中、四中全会精神，以马克思列宁主义、毛泽东思想、邓小平理论、"三个代表"重要思想、科学发展观为指导，深入贯彻习近平总书记系列重要讲话精神，坚持全面建成小康社会、全面深化改革、全面依法治国、全面从严治党的战略布局，坚持发展是第一要务，以提高发展质量和效益为中心，加快形成引领经济发展新常态的体制机制和发展方式，保持战略定力，坚持稳中求进，统筹推进经济建设、政治建设、文化建设、社会建设、生态文明建设和党的建设，确保如期全面建成小康社会，为实现第二个百年奋斗目标、实现中华民族伟大复兴的中国梦奠定更加坚实的基础。

全会强调，如期实现全面建成小康社会奋斗目标，推动经济社会持续健康发展，必须遵循以下原则：坚持人民主体地位，坚持科学发展，坚持深化改革，坚持依法治国，坚持统筹国内国际两个大局，坚持党的领导。

全会提出了全面建成小康社会新的目标要求：经济保持中高速增长，在提高发展平衡性、包容性、可持续性的基础上，到2020年国内生产总值和城乡居民人均收入比2010年翻一番，产业迈向中高端水平，消费对经济增长贡献明显加大，户籍人口城镇化率加快提高。农业现代化取得明显进展，人民生活水平和质量普遍提高，我国现行标准下农村贫困人口实现脱贫，贫困县全部摘帽，解决区域性整体贫困。国民素质和社会文明程度显著提高。生态环境质量总体改善。各方面制度更加成熟更加定型，国家治理体系和治理能力现代化取得重大进展。

全会强调，实现"十三五"时期发展目标，破解发展难题，厚植发展优势，必须牢固树立并切实贯彻创新、协调、绿色、开放、共享的发展理念。这是关系我国发展全局的一场深刻变革。全党同志要充分认识这场变革的重大现实意义和深远历史意义。

全会分析了当前形势和任务，强调当前和今后一个时期，全党全国的一项重要政治任务，就是深入贯彻落实全会精神，把《建议》确定的各项决策部署和工作要求落到实处。

根据《中共中央关于制定国民经济和社会发展第十三个五年规划的建议》，国务院组织专门力量制定了《中华人民共和国国民经济和社会发展第十三个五年规划纲要》，阐明了国家战略意图，明确了经济社会发展宏伟目标、主要任务和重大举措，内容极其丰富，并且实现了和各专项规划、地方规划的有效衔接，促进全国发展一盘棋；也实现了规划落实和年度工作部署的有效衔接。

2016年3月16日，十二届全国人大四次会议表决通过了关于国民经济和社会发展第十三个五年规划纲要的决议。决议指出，会议同意全国人大财政经济委员会的审查结果报告，决定批准这个规划纲要。会议认为，"十三五"规划纲要全面贯彻了《中共中央关于制定国民经济和社会发展第十三个五年规划的建议》的精神，提出的"十三五"时期经济社会发展的主要目标、重点任务和重大举措，符合我国国情和实际，体现了全国各族人民的共同意愿，反映了时代发展的客观要求，经过努力是完全可以实现的。

"十三五"规划纲要是市场主体的行为导向，是政府履行职责的重要依据，也是全国各族人民的共同愿景。实现"十三五"时期经济社会发展的各项目标和任务，前景值得期待，也需要全党和全国各族人民的共同努力。

历史巨变

2017 年 10 月 18 日，中国共产党第十九次全国代表大会在北京人民大会堂隆重开幕。这次大会，是在全面建成小康社会决胜阶段、中国特色社会主义进入新时代的关键时期召开的一次十分重要的大会。大会的主题是：不忘初心，牢记使命，高举中国特色社会主义伟大旗帜，决胜全面建成小康社会，夺取新时代中国特色社会主义伟大胜利，为实现中华民族伟大复兴的中国梦不懈奋斗。

习近平代表第十八届中央委员会向大会作了题为《决胜全面建成

"不忘初心、牢记使命"主题教育

小康社会，夺取新时代中国特色社会主义伟大胜利》的报告。报告共分13个部分，总结了十八大以来党和国家事业的历史性成就和历史性变革，深刻阐述了新时代中国特色社会主义思想和基本方略，系统回答了在新时代坚持和发展什么样的中国特色社会主义，怎样坚持和发展中国特色社会主义的重大时代课题，通篇闪耀马克思主义真理光辉。报告描绘了全面建成社会主义现代化强国的"两步走"宏伟蓝图，展示了当代中国共产党人为人民谋福祉、为民族谋复兴的本色初衷和使命担当，是立足新起点、开启新时代的政治宣言，是举旗定向、谋篇布局的奋斗纲领，为实现中华民族伟大复兴的中国梦提供了科学的行动指南和强大的精神力量。10月25日，党的十九届一中全会选举习近平为中央委员会总书记，决定习近平为中央军事委员会主席。

在十九大报告中，习近平总书记庄严宣告："经过长期努力，中国特色社会主义进入了新时代，这是我国发展新的历史方位。"

党的十八大以后的五年间，面对世界经济复苏乏力、局部冲突和动荡频发、全球性问题加剧的外部环境，面对我国经济发展进入新常态等一系列深刻变化，以习近平同志为核心的党中央坚持稳中求进工作总基调，迎难而上，开拓进取，取得了改革开放和社会主义现代化建设的历史性成就。这主要表现在：

经济保持中高速增长，在世界主要国家中名列前茅。国内生产总值从54万亿元增长到82.7万亿元，年均增长7.1%，占世界经济比重从11.4%提高到15%左右，对世界经济增长贡献率超过30%。

改革全面发力、多点突破、纵深推进。习近平总书记亲自主持召开38次中央全面深化改革领导小组会议，共审议、通过重点改革文件360多个，中央和国家有关部门共推出1500多项改革举措，重要领域和关键环节改革取得突破性进展，主要领域改革主体框架基本确立。

党的领导体制机制不断完善，社会主义协商民主全面展开，爱国统一战线巩固发展，民族宗教工作创新推进。科学立法、严格执法、公正司法、全民守法深入推进，法治国家、法治政府、法治社会建设相互促进。国家监察体制改革试点取得实效，行政体制改革、司法体制改革、权力运行制约和监督体系建设有效实施。

党的理论创新全面推进，马克思主义在意识形态领域的指导地位更加鲜明，中国特色社会主义和中国梦深入人心，社会主义核心价值观和中华优秀传统文化广泛弘扬，群众性精神文明创建活动扎实开展。

深入贯彻以人民为中心的发展思想，一大批惠民举措落地实施，人民获得感显著增强。6000多万贫困人口稳定脱贫，年均减贫1300万人以上，贫困发生率从10.2%下降到4%以下。教育事业全面发展，中西部和农村教育明显加强。就业状况持续改善，城镇新增就业年均1300万人以上。覆盖城乡居民的社会保障体系基本建立，人民健康和医疗卫生水平大幅提高，保障性住房建设稳步推进。社会治理体系更加完善，社会大局保持稳定，国家安全全面加强。

生态文明制度体系加快形成，主体功能区制度逐步健全，国家公园体制试点积极推进。全面节约资源有效推进，能源资源消耗强度大幅下降。生态环境治理明显加强，环境状况得到改善。引导应对气候变化国际合作，成为全球生态文明建设的重要参与者、贡献者、引领者。

全力推进国防和军队现代化。召开古田全军政治工作会议，人民军队政治生态得到有效治理。国防和军队改革取得历史性突破，形成军委管总、战区主战、军种主建新格局，人民军队组织架构和力量体系实现革命性重塑。加强练兵备战，有效遂行海上维权、反恐维稳、抢险救灾、国际维和、亚丁湾护航、人道主义救援等重大任务，武器装备加快发展，军事斗争准备取得重大进展。

全面准确贯彻"一国两制"方针。深化内地和港澳地区交流合作，保持香港、澳门繁荣稳定。坚持一个中国原则和"九二共识"，推动两岸关系和平发展，加强两岸经济文化交流合作，实现两岸领导人历史性会晤。

全面推进中国特色大国外交。实施共建"一带一路"倡议，发起创办亚洲基础设施投资银行，设立丝路基金，举办首届"一带一路"国际合作高峰论坛、亚太经合组织领导人非正式会议、二十国集团领导人杭州峰会、金砖国家领导人厦门会晤、亚信峰会。倡导构建人类命运共同体，促进全球治理体系变革。我国国际影响力、感召力、塑造力进一步提高，为世界和平与发展作出新的重大贡献。

全面加强党的领导和党的建设，坚决改变管党治党宽松软状况。推动全党尊崇党章，增强政治意识、大局意识、核心意识、看齐意识，坚决维护党中央权威和集中统一领导，严明党的政治纪律和政治规矩。开展党的群众路线教育实践活动和"三严三实"专题教育，推进"两学一做"学习教育常态化制度化。贯彻新时期好干部标准，深入推进党的建设制度改革，党内法规制度体系不断完善。把纪律挺在前面，着力解决人民群众反映最强烈、对党的执政基础威胁最大的突出问题。出台中央八项规定，严厉整治"四风"问题，坚决反对特权。发挥巡视利剑作用，实现中央和省级党委巡视全覆盖。坚持反腐败无禁区、全覆盖、零容忍，坚定不移"打虎""拍蝇""猎狐"。五年间，共立案审查省军级以上党员干部及其他中管干部440人，其中，十八届中央委员、中央候补委员43人，中央纪委委员9人。不敢腐的目标初步实现，不能腐的笼子越扎越牢，不想腐的堤坝正在构筑，反腐败斗争压倒性态势已经形成并巩固发展。

同时，以习近平同志为核心的党中央以巨大的政治勇气和强烈的责任担当，提出一系列新理念新思想新战略，出台一系列重大方针政策，推出一系列重大举措，推进一系列重大工作，解决了许多长期想解决而没有解决的难题，办成了许多过去想办而没有办成的大事，推动党和国家事业发生历史性变革。

五年来的成就是全方位的、开创性的，五年来的变革是深层次的、根本性的。这些历史性成就和历史性变革，对党和国家事业发展具有重大而深远的影响，标志着中国特色社会主义进入了新时代。

这个新时代，是承前启后、继往开来、在新的历史条件下继续夺取中国特色社会主义伟大胜利的时代，是决胜全面建成小康社会、进而全面建设社会主义现代化强国的时代，是全国各族人民团结奋斗、不断创造美好生活、逐步实现全体人民共同富裕的时代，是全体中华儿女勠力同心、奋力实现中华民族伟大复兴中国梦的时代，是我国日益走近世界舞台中央、不断为人类作出更大贡献的时代。

中国特色社会主义进入新时代，在中华人民共和国发展史上、中华民族发展史上具有重大意义，在世界社会主义发展史上、人类社会发展史上也具有重大意义。它意味着近代以来久经磨难的中华民族迎来了从站起来、富起来到强起来的伟大飞跃，迎来了实现中华民族伟大复兴的光明前景；意味着科学社会主义在 21 世纪的中国焕发出强大生机活力，在世界上高高举起了中国特色社会主义伟大旗帜；意味着中国特色社会主义道路、理论、制度、文化不断发展，拓展了发展中国家走向现代化的途径，给世界上那些既希望加快发展又希望保持自身独立性的国家和民族提供了全新选择，为解决人类问题贡献了中国智慧和中国方案。

理论创新

　　党的十九大立足时代和全局的高度，着眼中国特色社会主义事业长远发展，对十八大以来党的理论创新成果进行总结和概括，郑重提出"习近平新时代中国特色社会主义思想"，并把这一思想写进党章，确立为我们党的指导思想和行动指南，实现了党的指导思想的又一次与时俱进。

　　十八大以来，国内外形势变化和我国各项事业发展都给我们提出了一个重大时代课题，这就是必须从理论和实践结合上系统回答新时代坚持和发展什么样的中国特色社会主义、怎样坚持和发展中国特色社会主义，包括新时代坚持和发展中国特色社会主义的总目标、总任务、总体布局、战略布局和发展方向、发展方式、发展动力、战略步骤、外部条件、政治保证等基本问题，并且要根据新的实践对经济、政治、法治、科技、文化、教育、民生、民族、宗教、社会、生态文明、国家安全、国防和军队、"一国两制"和祖国统一、统一战线、外交、党的建设等各方面作出理论分析和政策指导，以利于更好坚持和发展中国特色社会主义。

　　围绕这个重大时代课题，以习近平同志为主要代表的中国共产党人，坚持解放思想、实事求是、与时俱进、求真务实，坚持辩证唯物主义和历史唯物主义，紧密结合新的时代条件和实践要求，以全新的视野深化对共产党执政规律、社会主义建设规律、人类社会发展规律的认识，进行艰辛理论探索，从理论和实践结合上系统回答了新时代坚持和发展什么样的中国特色社会主义、怎样坚持和发展中国特色社会主义这个重大时代课题，创立了习近平新时代中国特色社会主义思想。正是在习近平新时代中国特色社会主义思想指导下，中国共产党领导全国各族人民，统揽伟大斗争、伟大工程、伟大事业、伟大梦想，推动中国特色社会主义进入了新时代。

习近平新时代中国特色社会主义思想有着丰富而深刻的理论内涵，可以集中概括为"八个明确"，这就是：

——明确坚持和发展中国特色社会主义，总任务是实现社会主义现代化和中华民族伟大复兴，在全面建成小康社会的基础上，分两步走在本世纪中叶建成富强民主文明和谐美丽的社会主义现代化强国。

——明确新时代我国社会主要矛盾是人民日益增长的美好生活需要和不平衡不充分的发展之间的矛盾，必须坚持以人民为中心的发展思想，不断促进人的全面发展、全体人民共同富裕。

——明确中国特色社会主义事业总体布局是"五位一体"、战略布局是"四个全面"，强调坚定道路自信、理论自信、制度自信、文化自信。

——明确全面深化改革总目标是完善和发展中国特色社会主义制度、推进国家治理体系和治理能力现代化。

——明确全面推进依法治国总目标是建设中国特色社会主义法治体系、建设社会主义法治国家。

——明确党在新时代的强军目标是建设一支听党指挥、能打胜仗、作风优良的人民军队，把人民军队建设成为世界一流军队。

——明确中国特色大国外交要推动构建新型国际关系，推动构建人类命运共同体。

——明确中国特色社会主义最本质的特征是中国共产党领导，中国特色社会主义制度的最大优势是中国共产党领导，党是最高政治领导力量，提出新时代党的建设总要求，突出政治建设在党的建设中的重要地位。

全面准确贯彻落实习近平新时代中国特色社会主义思想，必须做到以下 14 个"坚持"：坚持党对一切工作的领导；坚持以人民为中心；坚持全面深化改革；坚持新发展理念；坚持人民当家作主；坚持全面依法治国；坚持社会主义核心价值体系；坚持在发展中保障和改善民生；坚持人与自然和谐共生；坚持总体国家安全观；坚持党对人民军队的绝对领导；坚持"一国两制"和推进祖国统一；坚持推动构建人类命运共同体；坚持全面从严治党。

这"十四个坚持"涵盖坚持党的领导和全面从严治党，涵盖"五位一体""四个全面"，涵盖国防和军队建设、维护国家安全、"一国两制"和祖国统一、对外战略，是习近平新时代中国特色社会主义思想的重要组成部分。

习近平新时代中国特色社会主义思想，以新的历史站位、宏阔视野、战略眼光，反映了时代发展变化的丰富内涵，以逻辑严密、系统完整、相互贯通的思想体系，回应了坚持和发展中国特色社会主义的时代要求，为在新时代推进党和国家事业提供了思想指导和行动指南。它开辟了马克思主义新境界，开辟了中国特色社会主义新境界，开辟了党治国理政新境界，开辟了管党治党新境界。

党的十八大以后的 5 年间，党和国家各项事业之所以能够开新局、谋新篇，根本就在于有习近平新时代中国特色社会主义思想的科学指引。

经济建设 取得重大成就

全面深化改革 取得重大突破

全面从严治党 成效显著

民主法治建设 迈出重大步伐

全方位外交布局 深入展开

思想文化建设 取得重大进展

港澳台工作 取得新进展

人民生活 不断改善

强军兴军 开创新局面

生态文明建设 成效显著

五年来的 辉煌成就

十八大到十九大五年间的辉煌成就

  习近平新时代中国特色社会主义思想是对马克思列宁主义、毛泽东思想、邓小平理论、"三个代表"重要思想、科学发展观的继承和发展，是马克思主义中国化最新成果，是党和人民实践经验和集体智慧的结晶，是中国特色社会主义理论体系的重要组成部分，是全党全国人民为实现中华民族伟大复兴而奋斗的行动指南，必须长期坚持并不断发展。

战略安排

　　中国共产党人的初心和使命，就是为中国人民谋幸福，为中华民族谋复兴。这个初心和使命是激励中国共产党人不断前进的根本动力。

　　党的十九大进一步明确了新时代中国共产党的历史使命，指出：实现伟大梦想，必须进行伟大斗争，建设伟大工程，推进伟大事业，这是时代发展给我们党提出的新使命。我们党深刻认识到，中华民族伟大复兴绝不是轻轻松松、敲锣打鼓就能实现的，必须准备付出更为艰巨、更为艰苦的努力。

　　历史已经并将继续证明，没有中国共产党的领导，民族复兴必然是空想。我们党要始终成为时代先锋、民族脊梁，始终成为马克思主义执政党，必须深入推进党的建设新的伟大工程，更加自觉地坚定党性原则，勇于直面问题，敢于刮骨疗毒，消除一切损害党的先进性和纯洁性的因素，清除一切侵蚀党的健康肌体的病毒，不断增强党的政治领导力、思想引领力、群众组织力、社会号召力，确保我们党永葆旺盛生命力和强大战斗力。

　　中国特色社会主义是改革开放以来党的全部理论和实践的主题，是党和人民历尽千辛万苦、付出巨大代价取得的根本成就。中国特色社会主义道路是实现社会主义现代化、创造人民美好生活的必由之路，中国特色社会主义理论体系是指导党和人民实现中华民族伟大复兴的正确理论，中国特色社会主义制度是当代中国发展进步的根本制度保障，中国特色社会主义文化是激励全党全国各族人民奋勇前进的强大精神力量。必须继续统筹推进"五位一体"总体布局、协调推进"四个全面"战略布局，坚定道路自信、理论自信、制度自信、文化自信，既不走封闭僵化的老路，也不走改旗易帜的邪路，保持政治定力，坚持实干兴邦，始终坚持和发展中国特色社会主义。

为了顺利实现新时代中国共产党的历史使命，党的十九大对开启全面建设社会主义现代化国家新征程作出战略安排。

关于新时代中国特色社会主义发展的战略安排，大会分析指出：

从现在到 2020 年，是全面建成小康社会决胜期。需要按照十六大、十七大、十八大提出的全面建成小康社会各项要求，紧扣我国社会主要矛盾变化，统筹推进经济建设、政治建设、文化建设、社会建设、生态文明建设，坚定实施科教兴国战略、人才强国战略、创新驱动发展战略、乡村振兴战略、区域协调发展战略、可持续发展战略、军民融合发展战略，突出抓重点、补短板、强弱项，特别是要坚决打好防范化解重大风险、精准脱贫、污染防治的攻坚战，使全面建成小康社会得到人民认可、经得起历史检验。

从党的十九大到党的二十大，是"两个一百年"奋斗目标的历史交汇期。我们党既要全面建成小康社会、实现第一个百年奋斗目标，又要乘势而上开启全面建设社会主义现代化国家新征程，向第二个百年奋斗目标进军。

综合分析国际国内形势和我国发展条件，从 2020 年到本世纪中叶可以分两个阶段来安排：

第一个阶段，从 2020 年到 2035 年，在全面建成小康社会的基础上，再奋斗 15 年，基本实现社会主义现代化。到那时，我国经济实力、科技实力将大幅跃升，跻身创新型国家前列；人民平等参与、平等发展权利得到充分保障，法治国家、法治政府、法治社会基本建成，各方面制度更加完善，国家治理体系和治理能力现代化基本实现；社会文明程度达到新的高度，国家文化软实力显著增强，中华文化影响更加广泛深入；人民生活更为宽裕，中等收入群体比例明显提高，城乡区域发展差距和居民生活水平差距显著缩小，基本公共服务均等化基本实现，全体人民共同富裕迈出坚实步伐；现代社会治理格局基本形成，社会充满活力又和谐有序；生态环境根本好转，美丽中国目标基本实现。

第二个阶段，从 2035 年到本世纪中叶，在基本实现现代化的基础上，再奋斗 15 年，把我国建成富强民主文明和谐美丽的社会主义现代化强国。到那时，我国物质文明、政治文明、精神文明、社会文明、生态文明将全面提升，实现国家治理体系和治理能力现代化，成为综合国力和国际影响力领先的国家，全体人民共同富裕基本实现，我国人民将享有更加幸福安康的生活，中华民族将以更加昂扬的姿态屹立于世界民族之林。

战略部署

　　党的十九大对继续推进新时代中国特色社会主义作出战略部署，强调指出，实现"两个一百年"奋斗目标、实现中华民族伟大复兴的中国梦，必须从以下几个方面做出新的努力：

　　一要坚定不移把发展作为党执政兴国的第一要务，贯彻新发展理念，建设现代化经济体系。以供给侧结构性改革为主线，推动经济发展质量变革、效率变革、动力变革。加快建设创新型国家，实施乡村振兴战略和区域协调发展战略。加快完善社会主义体制，推动形成全面开放新格局。

　　二要健全人民当家作主制度体系，发展社会主义民主政治。推进社会主义民主政治制度化、规范化、程序化，保证人民依法通过各种途径和形式管理国家事务，管理经济文化事业，管理社会事务，巩固和发展生动活泼、安定团结的政治局面。坚持党的领导、人民当家作主、依法治国有机统一，加强人民当家作主制度保障，发挥社会主义协商民主重要作用，深化依法治国实践，深化机构和行政体制改革，巩固和发展爱国统一战线，把我国社会主义民主政治的优势和特点充分发挥出来，为人类政治文明进步作出充满中国智慧的贡献。

　　三要坚定文化自信，激发全民族文化创新创造活力，推动社会主义文化繁荣兴盛，建设社会主义文化强国。坚持为人民服务、为社会主义服务，坚持百花齐放、百家争鸣，坚持创造性转化、创新性发展，不断铸就中华文化新辉煌。牢牢掌握意识形态工作领导权，培育和践行社会主义核心价值观，加强思想道德建设、繁荣发展社会主义文艺、推动文化事业和文化产业发展。

四要始终把人民利益摆在至高无上的地位，让改革发展成果更多更公平惠及全体人民，朝着实现全体人民共同富裕不断迈进。完善公共服务体系，保障群众基本生活，不断满足人民日益增长的美好生活需要。不断促进社会公平正义，形成有效的社会治理、良好的社会秩序，使人民获得感、幸福感、安全感更加充实、更有保障、更可持续。优先发展教育事业，提高就业质量和人民收入水平，加强社会保障体系建设。坚决打赢脱贫攻坚战，实施健康中国战略，打造共建共治共享的社会治理格局，有效维护国家安全。

五要加快生态文明体制改革，建设美丽中国。牢固树立社会主义生态文明观，推动形成人与自然和谐发展现代化建设新格局。坚持节约优先、保护优先、自然恢复为主的方针，还自然以宁静、和谐、美丽。推进绿色发展，着力解决突出环境问题，加大生态系统保护力度，改革生态环境监管体制，牢固树立社会主义生态文明观，推动形成人与自然和谐发展现代化建设新格局。

六要坚持走中国特色强军之路，全面推进国防和军队现代化。全面贯彻新时代党的强军思想，贯彻新形势下军事战略方针，建设强大的现代化陆军、海军、空军、火箭军和战略支援部队。打造坚强高效的战区联合作战指挥机构，构建中国特色现代作战体系，担当起党和人民赋予的新时代使命任务。适应世界新军事革命发展趋势和国家安全需求，提高建设质量和效益，确保到 2020 年基本实现机械化，信息化建设取得重大进展，战略能力有大的提升。同国家现代化进程相一致，全面推进军事理论现代化、军队组织形态现代化、军事人员现代化、武器装备现代化，力争到 2035 年基本实现国防和军队现代化，到本世纪中叶把人民军队全面建成世界一流军队。

七要全面准确贯彻"一国两制"、"港人治港"、"澳人治澳"、高度自治的方针，严格依照宪法和基本法办事，完善与基本法实施相关的制度和机制。支持特别行政区政府和行政长官依法施政、积极作为，团结带领香港、澳门各界人士齐心协力谋发展、促和谐，保障和改善民生，有序推进民主，维护社会稳定，履行维护国家主权、安全、发展利益的宪制责任。支持香港、澳门融入国家发展大局，以粤港澳大湾区建设、粤港澳合作、泛珠三角区域合作等为重点，全面推进内地同香港、澳门互利合作，制定完善便利香港、澳门居民在内地发展的政策措施。发展壮大爱国爱港爱澳力量，增强香港、澳门同胞的国家意识和爱国精神，让香港、澳门同胞同祖国人民共担民族复兴的历史责任、共享祖国繁荣富强的伟大荣光。继续坚持"和平统一、一国两制"方针，推动两岸关系和平发展，推进祖国和平统一进程。坚决维护国家主权和领土完整，绝不容忍国家分裂的历史悲剧重演。

八要坚持和平发展道路，推动构建人类命运共同体。高举和平、发展、合作、共赢的旗帜，恪守维护世界和平、促进共同发展的外交政策宗旨，推动建设相互尊重、公平正义、合作共赢的新型国际关系。构建人类命运共同体，建设持久和平、普遍安全、共同繁荣、开放包容、清洁美丽的世界。坚持以对话解决争端、以协商化解分歧，统筹应对传统和非传统安全威胁，反对一切形式的恐怖主义。尊重世界文明多样性，以文明交流超越文明隔阂、文明互鉴超越文明冲突、文明共存超越文明优越。坚持环境友好，合作应对气候变化，保护好人类赖以生存的地球家园。坚持对外开放的基本国策，坚持打开国门搞建设，积极促进"一带一路"国际合作，努力实现政策沟通、设施联通、贸易畅通、资金融通、民心相通，打造国际合作新平台，增添共同发展新动力。加大对发展中国家特别是最不发达国家援助力度，促进缩小南北发展差距。坚持同舟共济，促进贸易和投资自由化便利化，推动经济全球化朝着更加开放、包容、普惠、平衡、共赢的方向发展，支持多边贸易体制，促进自由贸易区建设，推动建设开放型世界经济。中国将继续发挥负责任大国作用，积极参与全球治理体系改革和建设，不断贡献中国智慧和力量。

党建引领

　　中国特色社会主义进入新时代，世情、国情、党情也在继续发生着深刻的变化。党的十九大科学分析国际国内形势和党面临的新环境、新任务、新考验，深刻阐述了党在新时代的历史使命，提出了新时代党的建设总要求。

　　从国际环境看，和平、发展、合作、共赢成为时代潮流，但不稳定不确定因素增多。一大批新兴市场国家和发展中国家走上发展的快车道，几十亿人口正在加速走向现代化，多个发展中心在世界各地区逐渐形成，国际力量对比继续朝着有利于世界和平与发展的方向发展。同时，随着金融危机的影响持续深入，世界格局发生深刻变化，全球性挑战有增无减。地缘政治冲突更加频繁，国际反恐形势持续严峻，网络空间治理规则之争更加激烈。世界经济长期低迷，已进入深度转型调整期，不稳定不确定因素增多，复苏面临更多的不确定性。

　　从国内发展看，中国特色社会主义进入新时代，我国社会主要矛盾也在发生重大而深刻的变化，已经从"人民日益增长的物质文化需要同落后的社会生产之间的矛盾"转化为"人民日益增长的美好生活需要和不平衡不充分的发展之间的矛盾"。这是党的十九大从我国发展新实际和所处的历史新方位出发作出的重大判断，改变了自1956年党的八大时起对我国社会主要矛盾的基本认识和提法。作出这一改变的理由是，经过近 40 年的改革开放，我国稳定解决了十几亿人的温饱问题，总体上实现小康，不久将全面建成小康社会，人民美好生活需要日益广泛，不仅对物质文化生活提出了更高要求，而且在民主、法治、公平、正义、安全、环境等方面的要求日益增长。同时，我国社会生产力水平总体上显著提高，社会生产能力在很多方面进入世界前列，更加突出的问题是发展不平衡不充分，这已经成为满足人民日益增长的美好生活需要的主要制约因素。

以上情况表明，我国社会主要矛盾的变化是关系全局的历史性变化，对党和国家工作提出了许多新要求，必须在继续推动发展的基础上，着力解决好发展不平衡不充分问题，大力提升发展质量和效益，更好满足人民在经济、政治、文化、社会、生态等方面日益增长的需要，更好推动人的全面发展、社会全面进步。

从党情变化看，党面临的"赶考"远未结束。习近平总书记指出："中国特色社会主义最本质的特征就是坚持中国共产党的领导，中国特色社会主义制度的最大优势是中国共产党的领导。坚持和完善党的领导，是党和国家的根本所在、命脉所在，是全国各族人民的利益所在、幸福所在。"经过 98 年的奋斗和发展，如今我们党已成为世界上规模最大的执政党。但是，党面临的执政考验、改革开放考验、市场经济考验、外部环境考验是长期的、复杂的，党面临的精神懈怠危险、能力不足危险、脱离群众危险、消极腐败危险是尖锐的、严峻的，党内存在的思想不纯、组织不纯、作风不纯等突出问题尚未得到根本解决，党增强自我净化、自我完善、自我革新、自我提高能力变得更加重要和紧迫。特别是深入推进全面从严治党，对党的建设理论创新和实践创新都提出了许多新课题和新要求。这一切都要求我们党坚持问题导向，保持战略定力，推动全面从严治党向纵深发展。

总之，在这样的时代背景下，如何统筹好国内国际两个大局，在世界格局大变动中掌握主动、赢得优势，迫切需要以大智慧、大战略来运筹；如何把握发展机遇、破解发展难题，实现更高质量、更有效率、更加公平、更可持续的发展，迫切需要有新的理念、新的布局来引领；如何管好党治好党，始终保持党的先进性和纯洁性，确保党在中国特色社会主义事业中的领导核心地位，对我们党提出了更高要求。党的十九大对此作出了鲜明回答，深刻阐述了新时代党的历史使命和党的建设总要求。

为此，十九大报告提出了新时代党的建设总要求，这就是：坚持和加强党的全面领导，坚持党要管党、全面从严治党，以加强党的长期执政能力建设、先进性和纯洁性建设为主线，以党的政治建设为统领，以坚定理想信念宗旨为根基，以调动全党积极性、主动性、创造性为着力点，全面推进党的政治建设、思想建设、组织建设、作风建设、纪律建设，把制度建设贯穿其中，深入推进反腐败斗争，不断提高党的建设质量，把党建设成为始终走在时代前列、人民衷心拥护、勇于自我革命、经得起各种风浪考验、朝气蓬勃的马克思主义执政党。

根据新时代党的建设总要求，十九大对党的建设重点任务从八个方面作出战略部署，为推动全面从严治党向纵深发展指明了方向，为继续推进新时代中国特色社会主义提供了政治和组织保障。这些部署是：要把党的政治建设摆在首位；要用新时代中国特色社会主义思想武装全党；要建设高素质专业化干部队伍；要加强基层组织建设；要持之以恒正风肃纪；要夺取反腐败斗争压倒性胜利；要健全党和国家监督体系；要全面增强执政本领。

伟大的事业必须有坚强的党来领导。只要我们党把自身建设好、建设强，确保党始终同人民想在一起、干在一起，就一定能够焕发新气象、展示新作为，也一定能够引领承载着中国人民伟大梦想的航船破浪前进，胜利驶向光辉的彼岸。

追梦路上

　　中华民族是历经磨难、不屈不挠的伟大民族，中国人民是勤劳勇敢、自强不息的伟大人民，中国共产党是敢于斗争、敢于胜利的伟大政党。历史车轮滚滚向前，时代潮流浩浩荡荡。历史只会眷顾坚定者、奋进者、搏击者，而不会等待犹豫者、懈怠者、畏难者。

　　党的十九大以后，在以习近平同志为核心的党中央坚强领导下，全党全军全国各族人民认真贯彻落实习近平新时代中国特色社会主义思想和党的十九大、十九届二中、三中全会精神，高举中国特色社会主义伟大旗帜，锐意进取，埋头苦干，以时不我待、只争朝夕的精神继续团结奋斗，在决胜全面建成小康社会、开启全面建设社会主义现代化国家新征程上迈出新的步伐。

　　2018年1月18日至19日，党的十九届二中全会在北京举行。全会专题研究修改宪法问题，审议通过了《中共中央关于修改宪法部分内容的建议》。全会一致认为，党的十九大和十九届一中全会以来，在以习近平同志为核心的党中央坚强领导下，全党全国把学习宣传贯彻党的十九大精神作为首要政治任务，深入开展多种形式的学习宣传活动，兴起了学习贯彻党的十九大精神、习近平新时代中国特色社会主义思想热潮，为贯彻落实党的十九大提出的各项战略决策和工作部署提供了强大精神动力，全党全国各族人民思想更加统一、信心更加坚定、行动更加有力，党和国家各项事业呈现欣欣向荣的发展局面。

宪法修改是国家政治生活中的一件大事，是党中央从新时代坚持和发展中国特色社会主义全局和战略高度作出的重大决策，也是推进全面依法治国、推进国家治理体系和治理能力现代化的重大举措。十三届全国人大一次会议高票通过了宪法修正案，完成了宪法修改的重大历史任务，实现了我国宪法的又一次与时俱进。

宪法修正案共 21 条，包括 12 个方面：(1) 确立科学发展观、习近平新时代中国特色社会主义思想在国家政治和社会生活中的指导地位。(2) 调整充实中国特色社会主义事业总体布局和第二个百年奋斗目标的内容。(3) 完善依法治国和宪法实施举措。(4) 充实完善我国革命和建设发展历程的内容。(5) 充实完善爱国统一战线和民族关系的内容。(6) 充实和平外交政策方面的内容。(7) 充实坚持和加强中国共产党全面领导的内容。(8) 增加倡导社会主义核心价值观的内容。(9) 修改国家主席任职方面的有关规定。(10) 增加设区的市制定地方性法规的规定。(11) 增加有关监察委员会的各项规定。(12) 修改全国人大专门委员会的有关规定。

宪法修正案是一个整体，它全面体现了自上一次修宪以来党和人民在中国特色社会主义建设和改革实践中取得的重大理论创新、实践创新、制度创新的成果，体现了我们党依宪执政、依宪治国的理念，其核心要义和精神实质主要体现在以下方面。

宪法是国家各项制度和法律法规的总依据，充实宪法的重大制度规定，对完善和发展中国特色社会主义制度具有重要作用。修改后的宪法，更好地体现了全党和全体人民的意志，更好地展示了中国特色社会主义制度的优势，更好地适应了推进国家治理体系和治理能力现代化的要求，为动员和组织全国各族人民夺取新时代中国特色社会主义伟大胜利提供有力宪法保障。

2018 年 2 月 26 日至 28 日，党的十九届三中全会在北京举行。全会审议通过了《中共中央关于深化党和国家机构改革的决定》和《深化党和国家机构改革方案》，同意把《深化党和国家机构改革方案》的部分内容按照法定程序提交十三届全国人大一次会议审议。全会提出，深化党和国家机构改革的目标是，构建系统完备、科学规范、运行高效的党和国家机构职能体系，形成总揽全局、协调各方的党的领导体系，职责明确、依法行政的政府治理体系，中国特色、世界一流的武装力量体系，联系广泛、服务群众的群团工作体系，推动人大、政府、政协、监察机关、审判机关、检察机关、人民团体、企事业单位、社会组织等在党的统一领导下协调行动、增强合力，全面提高国家治理能力和治理水平。

围绕这些目标，《中共中央关于深化党和国家机构改革的决定》，明确了这次深化党和国家机构改革的主要任务，这就是：（1）完善坚持党的全面领导的制度，加强党对各领域各方面工作领导，确保党的领导全覆盖，确保党的领导更加坚强有力。要建立健全党对重大工作的领导体制机制，强化党的组织在同级组织中的领导地位，更好发挥党的职能部门作用，统筹设置党政机构，推进党的纪律检查体制和国家监察体制改革。（2）转变政府职能，优化政府机构设置和职能配置，是深化党和国家机构改革的重要任务。要坚决破除制约使市场在资源配置中起决定性作用、更好发挥政府作用的体制机制弊端，围绕推动高质量发展，建设现代化经济体系，调整优化政府机构职能，合理配置宏观管理部门职能，深入推进简政放权，完善市场监管和执法体制，改革自然资源和生态环境管理体制，完善公共服务管理体制，强化事中事后监管，提高行政效率，全面提高政府效能，建设人民满意的服务型政府。(3)统筹党政军群机构改革，主要是统筹设置相关机构和配置相近职能，理顺和优化党的部门、国家机关、群团组织、事业单位的职责，完善党政机构布局，深化人大、政协和司法机构改革，深化群团组织改革，推进社会组织改革，加快推进事业单位改革，深化跨军地改革，增强党的领导力，提高政府执行力，激发群团组织和社会组织活力，增强人民军队战斗力，使各类机构有机衔接、相互协调。(4)理顺中央和地方职责关系，更好发挥中央和地方两个积极性。要统筹优化地方机构设置和职能配置，构建从中央到地方运行顺畅、充满活力、令行禁止的工作体系，中央加强宏观事务管理，地方在保证党中央令行禁止前提下管理好本地区事务，赋予省级及以下机构更多自主权，合理设置和配置各层级机构及其职能，增强地方治理能力，加强基层政权建设，构建简约高效的基层管理体制。(5)推进机构编制法定化。要完善党和国家机构法规制度，依法管理各类组织机构，加快推进机构、职能、权限、程序、责任法定化，全面推行政府部门权责清单制度，规范和约束履职行为，让权力在阳光下运行，强化机构编制管理刚性约束，加大机构编制违纪违法行为查处力度。

《深化党和国家机构改革方案》对改革的具体内容作出了详细说明，概括起来有以下几个方面：

（一）深化党中央机构改革：1. 组建国家监察委员会，同中央纪律检查委员会合署办公，实行一套工作机构、两个机关名称，不再保留监察部、国家预防腐败局。2. 组建中央全面依法治国委员会，办公室设在司法部。3. 组建中央审计委员会，办公室设在审计署。4. 中央全面深化改革领导小组、中央网络安全和信息化领导小组、中央财经领导小组、中央外事工作领导小组改为委员会。5. 组建中央教育工作领导小组，秘书组设在教育部。6. 组建中央和国家机关工作委员会，不再保留中央直属机关工作委员会、中央国家机关工作委员会。7. 组建新的中央党校（国家行政学院），将中央党校和国家行政学院的职责整合，组建新的中央党校（国家行政学院）。8. 组建中央党史和文献研究院，不再保留中央党史研究室、中央文献研究室、中央编译局。9. 中央组织部统一管理中央机构编制委员会办公室。10. 中央组织部统一管理公务员工作，不再保留单设的国家公务员局。11. 中央宣传部统一管理新闻出版工作。12. 中央宣传部统一管理电影工作。13. 中央统战部统一领导国家民族事务委员会。14. 中央统战部统一管理宗教工作，不再保留单设的国家宗教事务局。15. 中央统战部统一管理侨务工作，不再保留单设的国务院侨务办公室。16. 优化中央网络安全和信息化委员会办公室职责。17. 不再设立中央维护海洋权益工作领导小组，有关职责交由中央外事工作委员会及其办公室承担。18. 不再设立中央社会治安综合治理委员会及其办公室，有关职责交由中央政法委员会承担。19. 不再设立中央维护稳定工作领导小组及其办公室，有关职责交由中央政法委员会承担。20. 将中央防范和处理邪教问题领导小组及其办公室职责划归中央政法委员会、公安部。

（二）深化全国人大机构改革：1. 组建全国人大社会建设委员会。2. 全国人大内务司法委员会更名为全国人大监察和司法委员会。3. 全国人大法律委员会更名为全国人大宪法和法律委员会。

（三）深化国务院机构改革：1. 组建自然资源部，不再保留国土资源部、国家海洋局、国家测绘地理信息局。2. 组建生态环境部，不再保留环境保护部。3. 组建农业农村部，不再保留农业部。4. 组建文化和旅游部，不再保留文化部、国家旅游局。5. 组建国家卫生健康委员会，不再保留国家卫生和计划生育委员会，不再设立国务院深化医药卫生体制改革领导小组办公室。6. 组建退役军人事务部。7. 组建应急管理部，不再保留国家安全生产监督管理总局。8. 重新组建科学技术部，不再保留单设的国家外国专家局。9. 重新组建司法部，不再保留国务院法制办公室。10. 优化审计署职责，不再设立国有重点大型企业监事会。11. 组建国家市场监督管理总局，不再保留国家工商行政管理总局、国家质量监督检验检疫总局、国家食品药品监督管理总局。12. 组建国家广播电视总局，不再保留国家新闻出版广电总局。13. 组建中央广播电视总台，撤销中央电视台（中国国际电视台）、中央人民广播电台、中国国际广播电台建制，对内保留原呼号，对外统一呼号为"中国之声"。14. 组建中国银行保险监督管理委员会，不再保留中国银行业监督管理委员会、中国保险监督管理委员会。15. 组建国家国际发展合作署。16. 组建国家医疗保障局。17. 组建国家粮食和物资储备局，不再保留国家粮食局。18. 组建国家移民管理局。19. 组建国家林业和草原局，不再保留国家林业局。20. 重新组建国家知识产权局。21. 国务院三峡工程建设委员会及其办公室、国务院南水北调工程建设委员会及其办公室并入水利部，不再保留国务院三峡工程建设委员会及其办公室、国务院南水北调工程建设委员会及其办公室。22. 调整全国社会保障基金理事会隶属关系，将全国社会保障基金理事会由国务院管理调整为由财政部管理。23. 改革国税地税征管体制，将省级和省级以下国税地税机构合并。

（四）深化全国政协机构改革：1. 组建全国政协农业和农村委员会。2. 全国政协文史和学习委员会更名为全国政协文化文史和学习委员会。3. 全国政协教科文卫体委员会更名为全国政协教科卫体委员会。

（五）深化行政执法体制改革：1.整合组建市场监管综合执法队伍。2.整合组建生态环境保护综合执法队伍。3.整合组建文化市场综合执法队伍。4.整合组建交通运输综合执法队伍。5.整合组建农业综合执法队伍。

（六）深化跨军地改革：1.公安边防部队改制，公安边防部队不再列武警部队序列，全部退出现役。2.公安消防部队改制，公安消防部队不再列武警部队序列，全部退出现役。3.公安警卫部队改制，公安警卫部队不再列武警部队序列，全部退出现役。4.海警队伍转隶武警部队。5.武警部队不再领导管理武警黄金、森林、水电部队。6.武警部队不再承担海关执勤任务。

（七）深化群团组织改革。健全党委统一领导群团工作的制度，紧紧围绕保持和增强政治性、先进性、群众性这条主线，强化问题意识，以更大力度、更实举措推进改革，着力解决"机关化、行政化、贵族化、娱乐化"等问题，把群团组织建设得更加充满活力、更加坚强有力。

（八）深化地方机构改革。坚持加强党的全面领导，坚持省市县统筹、党政群统筹，根据各层级党委和政府的主要职责，合理调整和设置机构，理顺权责关系，改革方案按程序报批后组织实施。

截至 2018 年年底，党和国家机构改革的各项工作顺利完成。

12 月 18 日，党中央在人民大会堂隆重举行庆祝改革开放 40 周年大会。习近平总书记在会上发表重要讲话，回顾改革开放 40 年的光辉历程，总结改革开放的伟大成就和宝贵经验，动员全党全国各族人民在新时代继续把改革开放推向前进，为实现"两个一百年"奋斗目标、实现中华民族伟大复兴的中国梦不懈奋斗。

习近平总书记指出：建立中国共产党、成立中华人民共和国、推进改革开放和中国特色社会主义事业，是五四运动以来我国发生的三大历史性事件，是近代以来实现中华民族伟大复兴的三大里程碑。改革开放40年来，从开启新时期到跨入新世纪，从站上新起点到进入新时代，40年风雨同舟，40年披荆斩棘，40年砥砺奋进，我们党引领人民绘就了一幅波澜壮阔、气势恢宏的历史画卷，谱写了一曲感天动地、气壮山河的奋斗赞歌。党的十八大以来，党中央以巨大的政治勇气和智慧，提出全面深化改革总目标是完善和发展中国特色社会主义制度、推进国家治理体系和治理能力现代化，着力增强改革系统性、整体性、协同性，着力抓好重大制度创新，着力提升人民群众获得感、幸福感、安全感，推出1600多项改革方案，啃下了不少硬骨头，闯过了不少急流险滩，改革呈现全面发力、多点突破、蹄疾步稳、纵深推进的局面。

习近平总书记强调："40年春风化雨、春华秋实，改革开放极大改变了中国的面貌、中华民族的面貌、中国人民的面貌、中国共产党的面貌。中华民族迎来了从站起来、富起来到强起来的伟大飞跃！中国特色社会主义迎来了从创立、发展到完善的伟大飞跃！中国人民迎来了从温饱不足到小康富裕的伟大飞跃！中华民族正以崭新姿态屹立于世界的东方！""建成社会主义现代化强国，实现中华民族伟大复兴，是一场接力跑，我们要一棒接着一棒跑下去，每一代人都要为下一代人跑出一个好成绩。"

2018年，也是全面贯彻党的十九大精神开局之年。

这一年，我国发展面临多年少有的国内外复杂严峻形势，经济出现新的下行压力。在以习近平同志为核心的党中央坚强领导下，全国各族人民以习近平新时代中国特色社会主义思想为指导，砥砺奋进，攻坚克难，完成全年经济社会发展主要目标任务，决胜全面建成小康社会又取得新的重大进展。

这一年，我国国内生产总值增长 6.6%，总量突破 90 万亿元。经济结构不断优化，服务业对经济增长贡献率接近 60%，高技术产业、装备制造业增速明显快于一般工业，"嫦娥四号"等一批重大科技创新成果相继问世。重点领域改革迈出新的步伐，对外开放全方位扩大，共建"一带一路"取得重要进展。首届中国国际进口博览会成功举办，海南自贸试验区启动建设。三大攻坚战开局良好，尤其是精准脱贫有力推进，农村贫困人口减少 1386 万，易地扶贫搬迁 280 万人。人民生活持续改善，居民人均可支配收入实际增长 6.5%，提高个人所得税起征点，设立 6 项专项附加扣除。加大基本养老、基本医疗等保障力度，资助各类学校家庭困难学生近 1 亿人次。棚户区住房改造 620 多万套，农村危房改造 190 万户。城乡居民生活水平又有新提高。

这一年，中国特色大国外交取得新成就。成功举办博鳌亚洲论坛年会、上合组织青岛峰会、中非合作论坛北京峰会等重大主场外交活动。习近平主席等国家领导人出访多国，出席亚太经合组织领导人非正式会议、二十国集团领导人峰会、金砖国家领导人会晤、亚欧首脑会议、东亚合作领导人系列会议等重大活动。同主要大国关系总体稳定，同周边国家关系全面发展，同发展中国家团结合作纽带更加牢固。推动构建新型国际关系，推动构建人类命运共同体。坚定维护国家主权、安全、发展利益。经济外交、人文交流成果丰硕。中国致力于促进世界和平与发展，作出了世人共睹的重要贡献。

成绩来之不易。国际上经济全球化遭遇波折，国际金融市场震荡，特别是中美经贸摩擦给一些企业生产经营、市场预期带来不利影响。国内经济转型阵痛凸显，新老矛盾交织，周期性、结构性问题叠加，经济运行稳中有变、变中有忧，特别是两难多难问题增多，实现稳增长、防风险等多重目标，完成经济社会发展等多项任务，处理好当前与长远等多种关系，政策抉择和工作推进的难度明显加大。

然而，经过全国上下共同努力，我国经济发展在高基数上总体平稳、稳中有进，社会大局保持稳定。这再次表明，在中国共产党领导下，中国人民有战胜任何艰难险阻的勇气、智慧和力量，中国的发展没有过不去的坎！

2019 年，是中华人民共和国成立 70 周年。

习近平主席在新年贺词中说：2019 年，我们将隆重庆祝中华人民共和国 70 周年华诞。70 年披荆斩棘，70 年风雨兼程。人民是共和国的坚实根基，人民是我们执政的最大底气。一路走来，中国人民自力更生、艰苦奋斗，创造了举世瞩目的中国奇迹。新征程上，不管乱云飞渡、风吹浪打，我们都要紧紧依靠人民，坚持自力更生、艰苦奋斗，以坚如磐石的信心、只争朝夕的劲头、坚韧不拔的毅力，一步一个脚印把前无古人的伟大事业推向前进。放眼全球，我们正面临百年未有之大变局。无论国际风云如何变幻，中国维护国家主权和安全的信心和决心不会变，中国维护世界和平、促进共同发展的诚意和善意不会变。我们将积极推动共建"一带一路"，继续推动构建人类命运共同体，为建设一个更加繁荣美好的世界而不懈努力。

2019 年，也是全面建成小康社会、实现第一个百年奋斗目标的关键之年。

为确保实现党中央提出的这个目标，李克强总理在 2019 年 3 月召开的十三届全国人大二次会议上作的《政府工作报告》中说：综合分析国内外形势，今年我国发展面临的环境更复杂更严峻，可以预料和难以预料的风险挑战更多更大，要做好打硬仗的充分准备。困难不容低估，信心不可动摇，干劲不能松懈。我国发展仍处于重要战略机遇期，拥有足够的韧性、巨大的潜力和不断迸发的创新活力，人民群众追求美好生活的愿望十分强烈。我们有战胜各种困难挑战的坚定意志和能力，经济长期向好趋势没有也不会改变。各级政府要树牢"四个意识"，坚定"四个自信"，坚决做到"两个维护"，自觉在思想上政治上行动上同以习近平同志为核心的党中央保持高度一致，落实全面从严治党要求，扎实开展"不忘初心、牢记使命"主题教育，勇于自我革命，深入推进简政放权，加快转职能、提效能，增强政府公信力和执行力，更好满足人民对美好生活的新期待。

他还说，中国改革发展的巨大成就，是广大干部群众筚路蓝缕、千辛万苦干出来的。实现"两个一百年"奋斗目标，成就中国人民的幸福与追求，还得长期不懈地干，努力干出无愧于人民的新业绩，干出中国发展的新辉煌。

行百里者半九十。中华民族伟大复兴绝不是轻轻松松、敲锣打鼓就能实现的。我们必须准备付出更为艰巨、更为艰苦的努力。决胜全面建成小康社会、夺取新时代中国特色社会主义伟大胜利，把我国建设成为富强民主文明和谐美丽的社会主义现代化强国、实现中华民族伟大复兴的中国梦，前途光明，道路曲折。我们应有信心，我们更要艰苦奋斗、不懈奋斗。

图书在版编目（CIP）数据

新中国：砥砺奋进的七十年：手绘插图本 / 张士义著.

-- 北京：东方出版社，2019.8

ISBN 978-7-5207-1035-0

Ⅰ.①新… Ⅱ.①张… Ⅲ.①中国历史－现代史－大事记 Ⅳ.① K270.6

中国版本图书馆 CIP 数据核字 (2019) 第 095288 号

新中国 ：砥砺奋进的七十年 ：手绘插图本

XINZHONGGUO: DILIFENJIN DE QISHINIAN: SHOUHUI CHATUBEN

作　　者：张士义
责任编辑：闫　妮
插　　画：刘　宁　贺旻旻
出　　版：东方出版社
地　　址：北京市西城区北三环中路 6 号
邮　　编：100120
印　　刷：北京联兴盛业印刷股份有限公司
版　　次：2019 年 8 月第 1 版
印　　次：2021 年 3 月第 38 次印刷
开　　本：640 毫米 ×950 毫米　1/16
印　　张：18
字　　数：200 千字
书　　号：ISBN 978-7-5207-1035-0
定　　价：62.80 元
发行电话：（010）85924663　85924644　85924641